人人都是超级个体

十大能力助力个体商业变现

刘芳／著

电子工业出版社
Publishing House of Electronics Industry
北京·BEIJING

图书在版编目（CIP）数据

人人都是超级个体：十大能力助力个体商业变现 / 刘芳著 . —北京：电子工业出版社，2024.5

ISBN 978-7-121-47772-0

Ⅰ . ①人… Ⅱ . ①刘… Ⅲ . ①个体商业—通俗读物 Ⅳ . ① F717.3-49

中国国家版本馆 CIP 数据核字（2024）第 083925 号

责任编辑：杨雅琳
文字编辑：刘　晓
印　　刷：三河市鑫金马印装有限公司
装　　订：三河市鑫金马印装有限公司
出版发行：电子工业出版社
　　　　　北京市海淀区万寿路 173 信箱　邮编：100036
开　　本：720×1000　1/16　印张：15.25　字数：195 千字
版　　次：2024 年 5 月第 1 版
印　　次：2024 年 5 月第 1 次印刷
定　　价：79.00 元

凡所购买电子工业出版社图书有缺损问题，请向购买书店调换。若书店售缺，请与本社发行部联系，联系及邮购电话：（010）88254888，88258888。

质量投诉请发邮件至 zlts@phei.com.cn，盗版侵权举报请发邮件至 dbqq@phei.com.cn。

本书咨询联系方式：（010）88254210，influence@phei.com.cn，微信号：yingxianglibook。

在人工智能时代来临之际，你应该具备的不是为某家公司定制的能力，而是通用、无界的能力。刘芳老师的这本新书《人人都是超级个体》将教你如何培养这种能力，让你能在各个时期游刃有余地应对各种职业发展的挑战。要成为一个超级个体，最好的配置就是拥有一部自己的作品——书。我曾为刘芳老师的第一本书担任编辑，获得了非常好的用户反响。如果你想成为超级个体，一定要多看看这本书里的内容。

——晴山　独立出版人，《打造爆款书》作者，全民阅读系列标准发起人

我们已经进入一个新的"能量时代"——有能量的人，将带着一群有能力的人前行。因此，从某种意义上来说，财富的本质，就是价值交换和影响力变现。无论人生的成功，还是财富上的成就，虽没有捷径，但有清晰的路径。从成为"超级个体"，到成为"财富吸金体"，本书提供了完整的路径。

——赛美　中国保险名家，财富管理专家

这本书是超级个体行动指南，通过认知力、定位力、内容力等十个章节的深入探讨，引领读者从认知到实践，构建个人品牌。本书适合那些想要在个人发展和内容创作领域取得突破的人士阅读。成为超级个体，获得成功和财富。

——萧秋水　知识管理专家

人们曾经对超级公司趋之若鹜，随着移动互联网、智能手机、社交媒体共同构建出信息时代新的创富模式，越来越多的普通人脱离公司，以超级个体的形式赢得赞赏、获得成功。毫无疑问，当下正是对个体最友好的时代。如何成为超级个体，相信每个人都能从这本书中找到属于自己的答案。

——张小桃　《你是孩子的光》《个人品牌创业之路》作者

互联网时代，新媒体快速崛起，催生了很多新职业，越来越多的人选择自由职业，而超级个体可能是未来的新方向。刘芳老师这本书几乎涵盖了要成为超级个体需要的所有能力，可以帮助你更快速地在自己的赛道上脱颖而出。

——无戒　作家，《自由职业者生存手册》作者刘芳老师是一位在新零售行业极具影响力的实战派作者，她的新书《人人都是超级个体》内容深刻，赋予每位读者新影响力和竞争力。推荐大家来读一读。

——凌笑妮　自律升学创始人,《自律的孩子成学霸》作者

成为人群中的1%，成为人中龙凤，拥有选择的自由和拒绝的勇气，你一定要来认真实践刘芳老师这本书。

——弗兰克　销售教练,《多卖三倍》作者

在"5G+AI"时代，每个人都可以尝试放大影响力，成长为超级个体。刘芳老师的《人人都是超级个体》提供了宝贵的指导，让读者一边看、一边练、一边思、一边赚，成为无可替代且价值千万的超级个体。推荐一读！

——勾俊伟　新媒体营销导师，畅销书作家

个体崛起时代，每个人头顶都有一片红利——以自己的优势与经验为产品服务，为客户创造价值并获得商业回报。

刘芳老师抓住了超级个体的时代机遇，一个人活成了一家企业，影响力和能量状态越来越好。其人其书，就是超级个体的超级案例。

——石超　原华为经验萃取专家，超级个体经验萃取专家

成为超级个体，是时代赋予机遇，也是个体意愿使然。无数个小而美，胜过一个大而全。刘芳老师拥有多种操盘个体营销的经验，一定能帮助你在超级个体时代凸显自己的价值。

——马华兴　著名职业发展专家

刘芳老师这本书以极富洞察力的方式，剖析了当今社会存在的普遍问题，并提供了实用的建议和解决方案。超级个体是应对当下时代变化的最优解之一，并且人人都可以成为超级个体。

——于木鱼　11年资深演讲教练，《从0到1搞定即兴演讲》作者

　　面对中年危机，什么人不焦虑？能够随时把自己卖出去的人不焦虑。我们不是给任何一家公司、任何一个老板打工，离开任何一家公司、任何一个老板，我们依旧能过得很自在。我们的能力并不是为哪家公司、哪个老板定制的，而是通用的，是可以卖给任何公司、任何老板的。这就是超级个体的意义，不仅有纵向的技术能力，还要有横向的社会影响力。刘芳老师的书，能从0到1帮你成为超级个体，使你再也不怕中年危机。

　　　　　　　　　——写书哥　图书策划人，畅销书《费曼学习法》作者

　　每个人都可能成为超级个体，但是怎样才能成为超级个体，怎样才能将影响力无限放大、创造更多可能？刘芳老师用成功经验和有意思的案例，提炼出简单易懂的"十力"！非常有幸提前看到她的这本书，不禁再次感叹"书中自有黄金屋"！

　　现在，请备好一杯茶，拿起一支笔，打开它，一起阅读吧！

　　　　　　　　　——杨静　《孩子爱听绘本的话》作者，当当网影响力作家

　　中国经济的底层逻辑正在转变，会深刻影响每个个体。作为一个超级个体，刘芳有一套极具前瞻性且能落地的认知体系和行动指南。我推荐你在阅读这本书的同时，尽快启动自己的财富增长之路。

　　　　　　　　　——王朝薇　实战派财富导师，获评"北大财富女神"

在这个既充满竞争又充满希望的时代，想要生存，抱团取暖固然重要，但是你能够"抱团"的前提，是你要有被利用的价值，是你要优先成为超级个体。刘芳老师的新书《人人都是超级个体》，从10个方面为大家展示了如何塑造超级个体。快去体验超级个体的魅力吧！

——年辉　资深商业顾问

如果你想成为超级个体，推荐阅读刘芳老师的新书。本书总结了成为超级个体的十大能力，并有详细的实战案例，还结合人工智能，赋能超级个体降本增效，是通往超级个体之路的实用指南。

——弘丹　当当网影响力作家，AI写作导师，《AI写作宝典》等书作者

人人都想做超级个体，却很少有一本只要听话照做就能引领我们成长的好书！幸好有刘芳老师，出手就是王炸，十大能力让你加速到达未来十年！

——韩老白　《高能文案》作者

　　《人人都是超级个体》是刘芳的最新力作，深度剖析了个体在时代变迁中如何超越自我、实现潜能。书中提出的十大能力，汇聚了前沿理念与实践智慧，为追求成长的你提供了宝贵的指导。阅读本书，你将获得启发与力量，勇敢迈向更加卓越的未来。

——张海华　知名安全培训教师，《安全一本通》作者

　　认识刘芳老师以来，一直为她的全局视野和前瞻思维所折服。她的新书《人人都是超级个体》，从认知到执行，给出了高效落地的解决方案。我很喜欢书中刘芳老师的独特视角：超级个体是一种趋势，更是一种选择。选择这本书，选择信任刘芳老师，为自己打开一条通往超级个体的高速路。

——车纯纯　《极简自律》作者

　　在互联网时代，任何有一技之长的人都可以成为超级个体。

　　刘芳老师就是非常卓越的超级个体，她把自己十多年的经验和心得全部总结在了这本书里。

　　此书从认知力、定位力、内容力、流量力、产品力、影响力、成交力、领导力、智能力、变现力十个方面系统全面且深入浅出地讲述了普通人成为超级个体所需要的能力，干货满满，诚意满满，值得阅读！

——笑薇，《左手阅读，右手写作》作者，笑薇读书品牌创始人

未来，每个人都有
机会成为超级个体

"我的未来在哪里？"

每个对自己有期待的人，都一定问过自己这个问题。有的人可以很快得到答案，但大部分人却长期处于迷茫、困顿中。

但是，当我们翻开这本书时，我们也许会看到颠覆我们固有认知的内容。

先讲三个小案例。

案例1：我的一个朋友，在某个软件论坛中是大神级的人物，拥有强大的号召力，只要他组织线下活动，每次都应者云集。此外，他还有自媒体、培训、咨询、开发项目等一应业务。但就是这样一个在软件领域颇有声誉的人，在参加我组织的一个营销领域的活动时，居然没有一个人认识他。

案例2：我有一个朋友叫王艺霖，在亲子教育领域出版了十几本书，尤其擅长帮助家庭处理孩子青春期的问题。但是我在认识她之前，完全不知道这个领域里面还有这样的专业人士。

案例3：我在零售快消品行业有十多年的从业经验，从0到1操盘了国内Top1连锁便利店品牌的千万级私域流量和社交电商，是多个在零售快消领域有影响力的商业媒体的特邀专栏作者，也是中国连锁经营协会新媒体营销专家、中国零售圈大会专家组的特邀高级顾问。在这个圈层我颇有认知度，但如果跳出这个圈层，转到其他的领域，可能就没人知道我是谁了。也正是因为意识到了圈层封闭性的问题，我才在2022年出版了上市即斩获京东、当当七榜第一的《流量变现：27个高转化的营销经典案例》一书。凭借此书，我正式进入了知识付费领域，也逐步破圈，获得了更多圈外人的认识与了解。

其实像这样的例子数不胜数，尤其在我后续开展了为个体提供个人IP打造和创业的咨询业务后，我发现，我的身边有太多在特定领域中专业度、知名度都很高，但跨出自己的圈层就没有人认识的人。

在某个圈层很有影响力和话语权，但在别的圈层却无人认识，这是很正常的，因为每个圈层都有它的边界。如上面提到的案例，无论是我的这些朋友，还是我自己，其实都是特定圈层"具有一定个人IP影响力的超级个体"。随着社会的进步与发展，我们即将迎来超级个体时代。

那么：

何为超级个体？

打造个人IP与成为超级个体之间到底有什么共性和区别？

超级个体是如何成为一种新的个体经济形态的？

为什么说每个领域都有自己的超级个体？

以超级个体为核心的新个体经济形态是如何实现变现的？

…………

要解释这一系列的概念，回答这一系列的疑问，我们就得先了解，现在的环境发生了哪些变化，才让一个个"超级个体"登上了时代的大舞台。

传统的个体就业观念遇挑战

一直以来，父母对我的教育和择业观念是，希望我能够找一份工作，永远干下去，每个月按时领工资，最好不要有任何的变数。相信这和大多数人的情况是一样的：父母对孩子的期待，无外乎一个字——稳。

但是，我的发展路径和他们所期待的发展路径完全不一样：工作两年之后就开始创业，后来开始打造自己的个人IP、写专栏、出书、被各大行业平台和知名企业邀请做分享，陆续有了自己的知识付费产品，更有了一批追随的学员、读者、粉丝，例如，被890新商学、樊登、有赞、腾讯会议等大平台邀请，被零售连锁行业协会授予专家和高级顾问证书，开始破圈且有了更高的影响力等。这导致父母完全看不懂我的发展路数，因为这和他们认知中的好好读书、稳定就业、安生过日子实在相距太远了。

这在某种程度上也折射出了传统个人发展模式与新型个人发展模式上的差异。在过去，为了谋生，人们必须进入某个企业工作，所以"被录用"成为个体谋生的一种重要且主流的手段。

但是，随着社会的进步与发展，我们看到，从微观到宏观的变化趋势无一不在指向：会有越来越多的个体不再需要企业的形态，也一样可以获得工作、收入、事业、影响力、成就感等。

在这里，我们可以了解一下这三种变化——人的变化、企业的变化、社会的变化。

1. 人的变化

近些年，关于"00后整顿职场"的各种段子频出。实际上每个时代的人都整顿过职场，都是上一代或上上一代人口中的叛逆者。只不过随着经济条件更优渥，知识技能更丰富，人们对自己的生活状态有了更大的掌控权，越来越多的人并不满足于寻求一份解决温饱的工作，他们也在追求工作带来的意义和价值。

但是，传统的入职公司的谋生方式，却往往与兴趣和热爱背道而驰；因为不在兴趣范围内，所以在工作上常常是勉强为之。只有找到自己的兴趣、优势之所在，将优势变成专业，并且做到专业人士"一根针顶破天"，才能拥有更大的择业自主权，也才能在这个过程中找到更大的意义和价值。同时，我们也能通过由兴趣转化而成的专业高度与深度来满足细分的用户需求，这样才会有用户为我们的专业买单，继而保障我们的收入来源和生活稳定性，让我们可以生活下去甚至生活得更好。我常常和来咨询的朋友说："如果我们所掌握的专业能力超过85%的人，那么我们就能够在这个世界上活得很好。"

人们择业观的变化，为超级个体的诞生埋下了伏笔。

2. 企业的变化

我有一个朋友，他开了一家文化公司，承接的很多业务都是通过在某个特定的用工平台上寻找文案和设计人员来完成的，朋友的公司既不用"养"这些员工，也不需要承担法律风险。新经济工作业态的适用范围越来越广泛。

我们会发现，在当今的企业中，许多专业要求较高的职位，如文案策划、运营、设计、软件开发和视频剪辑等，正逐渐由高质量的个人从事，而不再局限于专业团队，"自由职业者"大量涌现。

自由职业出现后，企业有了另一种选择：灵活用工。灵活用工是未来5～20年中国人力资源结构变革的重要方向，它与每个企业、企业家和就业者息息相关。它是由"用"和"工"两端的环境变化及供给变化决定的。

灵活用工的本质是通过组织架构创新，将固定用工转变为以产定需、以销定需的项目型用工，从而提升组织的活性和柔性。通过更小的组织编制，调动更大的人力资源管理能力，更高效、更低成本、更低风险地支持企业开展业务。

企业灵活用工需求的出现，为更多超级个体的诞生奠定了基础。

也就是说，我们自己是否想改变已经不重要了，重要的是企业也想拥有专业性强且能承担外包业务的个体。

3. 社会的变化

与工业时代的经济模式相比，数字经济打破了时空限制，模糊了产业边界，形成了协同开放的新经济模式。随着数字技术的发展，新兴的就业形态应运而生，其中，灵活就业模式得益于互联网技术的发展和"去雇主化"的趋势，许多传统行业的就业岗位随之发生了新的变化。

在这个社会中，人们的多元化趋势越来越明显。随着区块链、去中心化、粉丝经济、碎片化、圈层化、自由职业、灵活用工、数字游民等新概念的兴起，我们可以看到社会发展的进程，也看到了个体的未来发展趋势。

全球自由职业者平台Upwork发布了"Freelance Forward 2022"的报告，这是对美国独立劳动力最全面的研究。该研究发现，6000万美国人从事自由职业，在2022年，占整个美国劳动力市场的39%。Upwork的研究发现，2022年，美国自由职业者为美国经济贡献了1.35万亿美元的收入，比2021年多500亿美元。

这是发达国家的劳动力发展走向，但历史总是惊人地相似，我们看到的现在，也许就是我们的未来。而在我写本书时，中国的灵活用工人员也已经超过了2亿人。

现在甚至出现了很多的DAO（岛）组织，也就是一种将组织的管理和运营规则以智能合约的形式编码在区块链上，从而使组织在没有集中控制或第三方干预的情况下自主运行的形式。更有人说，DAO（岛）有望成为应对不确定、多样、复杂环境的一种新型有效组织，也可能是未来的个体会加入的重要的组织形态之一。

这一切的发展与变化都指出，超级个体的崛起已经是不可逆的趋势。

未来已来，我们在哪里？

关于超级个体的定义

写到这里，我想可以给超级个体下一个定义了：超级个体是在特定领域有专长且有一定影响力的个体。超级个体同时可能具备以下多个特点：

（1）是某个垂直领域的专家。

（2）"一人公司"或"公司超级代言人"。

（3）在一定的圈层能产生具有影响力的个人IP效应。

（4）拥有超强的时间和效率管理能力。

（5）具备长期主义者的坚持和持续的内容输出力。

（6）有足够的忍耐力来对抗长期的寂寞。

不同于传统线下的个体户们的经营逻辑，本书中的超级个体主要以互联网为经营场景和主战场，如视频博主、知识付费人等，都是以个人IP作为流量入口的。每个超级个体都是一个"网络接口"，只要和平台对接，就能实现商业闭环和利益交换。

超级个体崛起的背后因素

为什么超级个体会在这个时代崛起？

这源于互联网带来的硬件、平台、技术的发展，以及系统与数据成本的降低，这些支持个体独立工作的工具变得越来越完善、简便且成本更低。超级个体能够崛起，可以说是"赶上了天时、地利、人和"了。

我们来看看社会的发展变迁。在人类社会的发展过程中，大量实践结果是群体劳动的成果，如人们一起劳作、一起围猎、一起迁徙。

到了工业时代，得益于流水线等生产模式的推出，群体通过标准化来实现大规模的生产制造，如将零件组装成成品。

随着信息时代的到来，尤其是自动化技术的逐步应用，个体通过工具能够完成以前只能靠大规模群体劳动才能完成的任务，如汽车组装，现在可以由少量人工和组装机器人共同完成。

在剖析的过程中，我发现了一个有趣的趋势：人类社会的生产活动从群体创造力回归到了个体的创造力挖掘，而人工智能（AI）技术最终将在个体创造力的最大化发挥方面发挥最为关键的作用。

未来能够成为超级个体的人，必须熟练地掌握各种数字工具（如剪辑、设计、创作类的App），或者成为有能力开发这些智能数字工具的个体。真正的数字化普及体现在"最后一公里"，也就是让无数个体发挥作用，给超级个体插上腾飞的翅膀。

我们可以看到，如今的SaaS平台、低代码平台，以及在线协同设计、多媒体编辑、文字智能编辑、图片识别、手写字识别等诸多数字工具，都能让个体充分发挥自己的创造力。结合自媒体平台，个体的创造力正在被最大化挖掘并得到最大化展现。

例如，我在小红书或微信视频号上发布的爆款短视频，就是通过智能设备（手机）与数字工具（剪映App）创造出来的。只用自己的手机就可以产出一个个非常精彩的短视频作品，并在自媒体平台上产生极大的效应，为个人创造吸引粉丝、构建私域流量的机会。一个个体能够拥有这样的爆炸式影响力，这在过去是无法想象的。

在以文字传播为主的时代，拥有的电脑、笔记本、输入法可以很好地支持我们面向公众表达思想与观点。而短视频、直播行业崛起后，用户的体验在提升，同时内容的制作难度也在提升，这促使每个平台致力于开发出能够让创作者更方便使用的数字工具。目前几乎所有的自媒体平台都推出了针对移动端的数字工具，让用户可以随时随地便捷地进行创作，这是非常重要的趋势。甚至我们购买的手机也都自带着各种各样的美颜滤镜效果，这一切的发展更好地支持了超级个体的崛起。

如今，正迎来了AI的"万模爆发"。AI给个体的崛起带来了前所未有的机会。

对于个体，无论从创作工具方面看还是从创作环境方面看，此时都是最好的时代，这个时代帮助个体尽最大可能发挥自己的创造力、表现力、影响力，成为一个拥有个人IP影响力的超级个体。

是不是人人都可以成为超级个体

互联网的迅速发展，特别是移动互联网的出现，前所未有地加速了整个社会的变革进程。在移动互联网没有普及之前，我们不曾想到在线打车和订外卖、无现金支付、二维码的广泛应用，以及每个人都可以成为自媒体和知识传播者。移动互联网的出现打破了时空的限制，使整个世界变得扁平化，让生活更加便利，工作更加高效，出行更加便捷，沟通更加顺畅。

互联网连接了世界，让整个世界变得更加紧密，同时也大大降低了获取知识的难度。即使在偏远的山区，只要有设备和网络，人们便可以获取来自全球顶尖学府的知识。互联网不仅是一个工具，还是一个开放的超级平台。社交媒体的兴起，包括论坛、博客、微博、微信、短视频、直播等，让每个人都有机会展示自己，拥有属于自己的舞台。

所以，互联网时代，也是个体崛起的时代。

公平地获得知识、公平地展示自己、公平地拥有影响力，互联网就像一个加速器，加速了个体的崛起。

但是个体崛起的时代，并不是"每一个"个体都会崛起的时代，而是少数个体崛起的时代。

因为互联网加剧了两极分化——一小部分人拥有巨大影响力和资源而迅速崛起；更多的人会在互联网的便捷服务下变得越来越懒，成为平庸的跟随者。例如，我在2020年看到了微信视频号的机会，开始通过短视频、直播推广自己的《流量变现：27个高转化的营销经典案例》一书和一系列网课、培训、咨询等知识产品。这让我的知识产品被越来越多的人知道，被越来越多的平台链接，而我也获得了可观的收入。相比而言，更多的人则沦为天天通过刷短视频打发时间且什么也没有获得的人。

所以我们会发现：个体崛起的时代，是一部分个体崛起和一大群普通个体追随的时代。

在这个时代，我们是选择借助互联网获取丰富的资源，加速学习、成长，还是选择在互联网的服务下变得越来越懒？我们能不能在个体崛起时代抓住机会，关键不在于别人，而在于我们自己。

时代对于每个人来说都是公平的，区别就在于：超级个体会把互联网当作平台，在上面提供内容与服务，变得越来越拔尖，获得越来越多的关注和资源；而追随者却把互联网当作工具，去享受它的服务，越来越不爱思考，最后变得越来越平庸。

拿着一样的时代"剧本"，每个人的认知、思维、行动却是完全不同的，这就决定了不同的结果。

人人都可以"选择"成为超级个体

我们是否能真正成为一个超级个体，完全基于自己的"选择"。

其实，要成为超级个体的每一步，都是对人性发出的挑战。所以我常说：顺人性者能赚大钱（全力满足用户），逆人性者能成大事（严格要求自己）。

也许有的朋友就会说，太难了，我放弃，我选择做一个普通人就好。

但是社会的真相是：不管我们选择做一个普通人，还是成为一个超级个体，我们都不可避免地面临超级个体时代的到来。

当社会出现动荡和不安的时候，超级个体会有更多选择的余地，而普通人就只能成为随波逐流者，成为社会背景下的洪流。我们会发现：社会对于某种特定专长能力的需求不会轻易消失，但是一个企业却能够轻易裁掉一批只会标准化作业或生产效率低下的人。尤其是当AI时代来临时，只会标准化作业的人已经走在失业路上了，就连我们认为难以被替代的创意岗位的人也接连失业了。认为还有铁饭碗可以端的人，得早点醒了。

这就是严峻的社会现实，超级个体时代已然到来，无论我们想不想面对，都已成事实。

如何阅读本书

我在写这本书的时候，一直在思考要尽量降低大家的阅读难度。所以，在阅读这本书之前，我建议读者朋友先记住"个体变现金字塔模型"（见图0-1），从这个模型入手，就能理解整本书的逻辑和框架了。

图0-1　个体变现金字塔模型

认知力和定位力是成为一名超级个体最基础的能力。

想要成为专业的个体，必须具备内容力、流量力和产品力。

想要成为真正意义上的超级个体，你必须具备影响力、成交力和领导力。

如果要放大超级个体的效率和效益，你还必须具备智能力和变现力。

把这个模型看明白，大家在阅读这本书的时候就会觉得非常轻松。

写到这里，本书的底层思考逻辑和框架已介绍完毕，我也希望这样的思考能够帮助读者朋友们对个人IP、超级个体及新个体经济，有一个全面的了解。

在写作期间，我涉猎了众多的学科领域，也借鉴了多个案例，其中大部分是我们轻创营社群中会员的案例，也有一些其他超级个体的案例。如有未尽之处，请各位会员朋友、读者朋友多多包涵。

如果涉及你的权益，请与我联系，添加个人微信（fairy158158或lfjxls158），亦可关注我的微信公众号"刘芳在想"（xlslf158）或同名微信视频号，本书中承诺的资料包和相关表格也会发给你。

开卷有益，愿这本书能给当下的你注入能量，帮助你打破个人发展的瓶颈，打开一个全新的世界。

第九章

智能力：借助 AI 降本增效

第十章

变现力：培养完整的流量变现能力

第一章|

认知力：成为超级个体的
财富法则

　　超级个体是未来的发展趋势，但是仍然有人意识不到这一趋势会给自己带来哪些机遇。

　　要回答这个问题，得回到人的心智模式上。我给大家举一个例子，这个问题可能就更具象了。

　　在寒冷刺骨的冬天，有一个人掉进了旋涡中，按照正常的逻辑来说，如果几分钟之内他没办法从旋涡中游出来，那他基本就没救了。在旋涡中，人会下意识地想挣脱旋涡往岸边游，但实际上每游出几米，人就会被旋涡重新吸回去。不久，旋涡中的人就丧生了。随后，我们会看到旋涡把冰冷的尸体推到了岸边。

　　为什么人在旋涡中竭尽全力想要游出来却做不到，可在放弃抵抗之后这么短的时间之内就被推回了岸边呢？这是因为，会游泳的人只习惯在平静的水域里面游泳，那里没有旋涡，所以当他们在旋涡中时，他们也如往常一样不断地游，可结果是越游越远，越游越累，越游越离不开旋涡。人在旋涡中要想自救成功，就一定得保持镇静，调整好呼吸，集中精力，让身体平仰在水面上，以加大着水面积，之后快速离开旋涡。

　　可见，是这固有的游泳心智模式害死了人。

同样，当我们过于习惯两点一线的生活时，我们也就形成了一种固有的心智模式，认为生活就是这样的，没有更好的方式和选择了。当社会环境有变化的时候，这种心智模式根本起不了作用。

例如，在经济困难时期，很多的企业会通过裁员自救，而这个时候最惨的莫过于那些一直抱着固有心智模式的人，他们可能在舒适圈中待久了，很难接受变化，也想不到用更好的方式去面对未来的发展。这种心智模式越固定，人就越难从"旋涡"当中游出来。

所以个人发展遇到瓶颈，有一个非常重要的原因，就是被固有的心智模式禁锢住了。

可是在未来的时代，若我们仍然用固有的心智模式行立于世，不具备弹性适应环境变化的能力，又该如何面对AI、大数据等先进科学技术带来的挑战呢？ChatGPT掀起了一场AI变革，让很多人很恐慌，如写文案、画设计图的人就很担心自己会失业。在我写这本书的时候，已经有许多企业开始裁减画师、文案、设计等岗位的人员了。

人会在固有的心智模式下追求100%的安全感。其实，当我们去追求100%的安全感的时候，我们就更加把自己困在了原地，洪流一来，反而更不安全了，因为我们已经失去了应对变化的能力。

现在的企业寿命越来越短，而人却活得越来越久，2021年，中经数据统计，现代人的平均寿命能达到78.2岁。以前的企业员工用自己的忠诚来换取自己的安全，但现在，企业的变数越来越大，人们必须通过提升自己应对环境变化的能力来换取自己想要的安全感。

理解了这些，如果你想要打造自己的个人IP，成为超级个体，获得财富提升，要遵循哪些财富法则呢？

以下5点非常重要，也是本章的重点。

（1）**认识财富**。要成为超级个体，应该如何树立正确的财富观？

（2）**建立目标**。没有目标的人生，就像在海上失去了灯塔指引的船，只能盲目漂泊，也只会离我们想要实现的财富目标越来越远。

（3）**躬身入局**。站在门外，永远不知道门里面的人在做什么。想要改变自己的认知和提升获取财富的能力，就一定要尝试进门亲自参与了解。相信我们看到的，而不是相信我们听到的。

（4）**持续行动**。所有事情推进不顺，真正的问题产生于行动过程。有些人看起来聪明至极、认知很强，但行动力太弱了。能做起来的，往往不是这些聪明人，而是那些听完就行动，然后在行动中反思、发现更合适做法的人。

（5）**个人IP**。每个人都应该有在自己的圈层打造个人IP的意识，通过个人IP放大自己在圈层的影响力。有影响力，我们就拥有了流量和财富增值的机会，也就能成为同赛道中具有差异化且能脱颖而出的人。

这5个重点，我们接下来一一分析。

1.1

认识财富：选择单一，如何提升个体对抗风险的能力

为什么我们总是不敢谈钱

看到这里的时候，你应该对超级个体的概念有一定的了解了。但是，如果你是一个理想主义者，那么我认为这本书并不一定适合你。

何为理想主义者？举个例子，我认为商业的本质就是流量变现，所以我会跟很多人谈如何创业、提高销量、拉动流量等与财富提升相关的话题。但是，有一次我遇到了一个人的挑战，对方说："你天天跟我们谈如何流量变现，这样好像不太好。"我问他："那请问说什么才是好的呢？谈梦想、责任、担当？"

我们为什么有梦想、有责任、有担当？难道不是为了拥有远大的理想、好的口碑、好的发展吗？我们看到的所有象征美好的事物，其实最后都会转化为积累财富的动力与能力。只不过这个财富的表现形式有多种，有的是物质财富，有的则是精神财富。我们这里所指的财富，是一个宽泛的概念，并非仅指金钱。

　　换一个角度来看，如果你的老板只跟你谈梦想、责任、担当、义务、奉献，却刻意避开谈金钱，你觉得这样好吗？如果你喜欢这样的老板，大可以全力以赴为其工作、奋斗且不求回报。可是，你能做到吗？就算你能做到，这样的人也是凤毛麟角的存在，根本没有普遍的社会代表性。

　　看，回到与我们切身利益相关的这样一个现实的场景中，再不爱谈财富话题的人，也会沉默。真要有老板不给你开工资，只与你谈梦想，你可能是第一个想去起诉他的人。

　　所以，不要挑战人性，要理解人性。

　　换句话说，如果你是要过日子的人，需上养老人、下养孩子，面对柴米油盐，还面临房贷、车贷等各种生活支出成本，那么这本书会让你有所启发。因为我们就生活在真实的世界里，我们得直面生活的本质，得直面一定要好好赚钱为自己和家人提供好的生活这回事。

　　大多数人最大的问题，就是不敢谈钱。为此，我向一位心理专家求证过，她说这个问题的产生源自两个方面。

　　心理方面：不自信。不敢谈钱的人，内心是不自信的，认为如果自己对别人说了钱这个事，自己就不值得别人去爱和喜欢了。

　　原生家庭方面：不鼓励。很多父母的教育观念有着极大的问题，他们可能自己自私、冷漠、小气，却要求孩子大方、热情、诚实。他们的立言立行与对孩子的教育观念大相径庭。例如，在谈到钱这件事情时，很多家长不鼓励，甚至不希望自己的孩子过早对钱财及应该如何通过正确的方式获得钱财有认识。这也导致了许多孩子的财商极低，他们对财富没有正确的认识，这在某种程度上也剥夺了孩子早早树立财富意识、提升自己生存敏感度的能力。

很多人会跟大家分析穷人和富人的财富观，我说一个案例来启发一下大家。

我有一个初中同学，在一个工资都不能准时发的公司上班，家里有老人有小孩，还要还房贷，他的生活情况不算太好，但他居然看不起在朋友圈发卖货广告的另外一个同学（有实体店，只是通过朋友圈做营销宣传）。

我跟他说："不要看不起别人，只要是合法赚钱的人，都值得尊重。"这个看不起，那个看不起，可到头来自己的生活也没有好转，这才是要检讨的。

懂得财富真谛的人身上通常具备许多优秀品质，如责任感、担当、智慧、见识、大局观、技能水平、抗压能力、情商、执行力、直觉、灵感、创新、努力、精益求精、专注、领导力、利他心、付出等。这些品质都是他们真实地付出并在某个领域获得成功后得来的。

所以，好好修炼自己、认真拥抱财富才是人这一生最真实、最有效、最接地气的修行与福报啊。

财富结构单一的风险

洛克菲勒曾说过："整天在工作的人，没有时间赚钱。"为什么呢？因为大部分的人其实都是在用自己的时间换钱。

例如，我今天上班了，就能拿到今天的工资；我开一个实体店，今天正常营业了，就能够获得今天的利润。这种是最低等级的赚钱方式（不是指社会地位低），因为手停口就停，一旦没有付出自己的时间，收入就停止了，但是生活与经营成本，却没有因为我们的手停而停止付出。

像这样的人却占据了社会中最大的比重。他们仍然遵循着传统观念的财富积累的方式，也就是说读书、毕业、找一份工作、拿工资、退休。有些人甚至连书也不读，初中或高中毕业就直接找份辛苦活，然后拼命干。他们不理解赚钱其实是一种游戏，如果弄懂了游戏规则，他们就再也不会用自己的时间去"抵账"了。

谈到这里，我们可以想一想自己现在的财富积累方式是不是这样的呢？

这样的人最容易陷入一种叫作"仓鼠之轮"的效应中。何为"仓鼠之轮"呢？即一只仓鼠在一个轮子上拼命跑，不能上，也不能下，尽管使尽全力，却没有任何的进步。这也象征了一些人不管有多努力工作，只要处在这种"仓鼠之轮"中，就是原地踏步，而且永远不可能停止。

《财务自由之路》的作者博多·舍费尔把赚钱的人分成了五类，第一类是雇员或工人，第二类是自由职业者，第三类是投资者，第四类是企业家，第五类是专家。

在"仓鼠之轮"困境中，有两类人是最为明显的，就是第一类的雇员或工人，以及第二类的自由职业者。

普通的职员永远是在为他人工作，永远在奔跑，永远不能停下来；自由职业者也是一样的，如果你是一个自由的平面设计师，那么所有的设计必须由你亲自来做，没有人可以帮到你。以上两类人就是在"仓鼠之轮"中永远奔跑的典型代表。

投资者往往也难逃"仓鼠之轮"。尽管很多人说自己在投资股票，但是他们并不知道应该买什么、何时买入、何时卖出，许多操作是盲目的，所以他们又会回到一种恶性循环当中，一直奔跑，一直不能停。

许多企业家也处于"仓鼠之轮"中，尤其是家族式企业或体量相对较小的企业的老板。虽然他们是为自己的事业工作，但实际上很多老板的工作时间要比普通的职员长得多，老板几乎被日常的业务吞没了。

最后我们会发现，其实我们的收入结构仍然是非常单一的，而单一的收入往往是用时间换来的，一旦停止付出时间，收入也会随之停止或减少，所带来的风险就是抵抗不了更多的风险。

超级个体是如何提升财富能力的

能够尽量避免"仓鼠之轮"的就是专家，能够赚更多钱的也是专家。而专家，就是我在本书中所指的超级个体。

在了解到"仓鼠之轮"的效应前，我也认为通过一份好工作，就能够获得自己理想当中的美好生活，但事实并不是这样的。在职场中，我唯一的收入就是工资，这个月工资是多少，下个月也基本一样。领固定工资，但每个月的房租、吃穿用度、人际社交，哪一样不用钱呢？到最后，我发现赚的钱还是不够用。

在职场工作两年后，我开始创业，开了线下的实体店，在零售环境最好的时候赚了第一桶金，但是我很快就陷入了另外一种"仓鼠之轮"中，除了要应付日常的职场工作，还得兼顾零售店的经营，365天除了睡觉时间，其他的时候都在工作。

后来我意识到，就算是通过职场和创业获得了双重的收入，我仍处在用时间去"抵账"这样一个现实中。我决定成为一名专家，打造自己的个人IP，去成为一个超级个体。

在这里，我希望能帮助大家理解获得更高收入的三种方式。

第一种：在一个特定的专业领域内赚钱。例如，我通过深耕新零售领域，让零售快消行业了解我，利用授课、分享、担任顾问等获取收入，成为行业协会的营销专家、高级顾问。

第二种：能够从另外一个领域获得额外的收益。例如，我基于新零售领域的从业经历，通过出版斩获了京东和当当七榜第一名、覆盖多个行业的《流量变现：27个高转化的营销经典案例》一书，树立了"流量增长专家"的品牌形象，获得了破圈的影响力和专业力，吸引了来自各行各业付费学习流量变现的学员，也建立了创业者的年度付费社群和私教班、私董会等，进一步增加了收入项。

第三种：实现财富的飞跃并且转换领域。我在新零售与流量变现两大专业领域的加持下，获得了不少合伙开展事业的机会。用户群体的放大也让我可以推出更多的产品和服务，有了多方面的收入来源，实现了不同圈层的跨越。

成为一名专家后，我的收入组成就很丰富了：出版、自媒体、培训、咨询、项目、付费社群、私董会、私教班、实体店、电商、公司、投资、合伙业务等，使我逐步脱离了"仓鼠之轮"的困境。

我的一个学员大卫，在跟我学习之前是一个普通的职场人，拿着固定的薪水。后来在我的梳理帮助下，他明确了要成为"高考填报志愿"方面的专家。

通过明确定位、打磨产品、梳理流量渠道，他的高考填报志愿业务一经推出，就获得了13个订单，营收近6位数，知乎和小红书等流量平台运营得非常好，他还因此组建了小团队对接业务，百万业绩的年度目标轻松达成。从只有固定的薪水，到多元化的收入，这就是一个普通的职场人转型成为某个领域的专家后获得的财富提升新机会。

所以，当我们认清财富的本质，坦然地面对赚钱这件事情，提升自己的财富认知力后，我们就可以更好地拥有实现财富目标的能力。

» 自我练习

请你思考一下：你的收入结构是什么样的？会有手停口就停的风险吗？你能成为一名专家吗？

1.2

建立目标：左右摇摆，一套方法让我们排除影响目标的杂念

为什么我们容易偏离自己的目标

新年来临的时候，自媒体人就喜欢追一个热点话题：如何立一个不倒的 flag？结果是，flag 年年立，年年倒；可即使是这样，flag 也仍然年年倒，年年立。

我的学员中不乏学霸型的人，定的目标普遍具有挑战性，有时候让我很汗颜，自认比不过。例如，有个学员定下连续日更 365 天这种难度高、周期长的目标。但是实际上做到了吗？他没有做到，不但没有做到，当我们问他这个话题的时候，他总说："哎呀，太难了，我又要工作，还有一大堆事情要处理。"

这个经历其实跟我自己乃至身边很多朋友的现状非常相似：目标经常定，却经常做不到。

我们常常会认为：既然定了，目标就能够实现，就好比我们交了钱给健身房，感觉减肥的目标就实现了一样。

为什么我们制定的目标非常容易偏离原来的轨道甚至直接就倒了呢？根本原因是我们不懂得如何制定目标。但是，就算知道如何制定目标，目标和实现方法之间，其实也是有着很大的距离的。

先制定一个能落地的目标

先说说我自己的一个经历，为了将我对于营销领域的思考沉淀下来，2021年我曾定下一个目标：一年写两本书。定的时候气吞山河，等定完才发现：太难落实了。

这个目标实现不了的原因就是定得太大，而我能匹配的时间、资源又太少。最后这个目标不但没有实现，反而带来了极度内耗。

所以一年写两本书这个目标明显定错了，为了不再内耗自己，我将目标改成了"写一本以'流量变现'为主题的商业书"。当年我也的确实现了这个目标，写出了《流量变现：27个高转化的营销经典案例》一书。该书一上市就斩获京东、当当六榜第一，后来又拿了一个榜单第一，一共是七榜第一，也算是对自己所定的目标有一个好的交代了。

这个经历给了我很大的启发：想实现目标，先要从学会定一个合理且能落地的目标开始。

那如何制定一个合理且能落地的目标呢？

请记住以下"六要"。

第一，要具体清晰可量化。例如，"写书"和"写一本以'流量变现'为主题的商业书"，就是两个完全不同的目标。一个模棱两可，一个可量化、有主题、很清晰。

第二，要有截止日期。目标在制定之后一定要有具体的跟进日程表，并且一定要设定一个截止日期，如果没有这一步，目标就非常容易悬而不决。我就定了每天写3000字，3个月之内必须出初稿，之后再改一个月就交稿这样的进程安排。

第三，要具有挑战性。目标最好是要跳起来才能够摸得着的。如果设定的目标是十拿九稳能够实现的，那它就不叫目标。只有能够激发个人潜能且能超越以前的成绩的才能叫目标。我从从来没有出版过书籍，到写出第一本关于流量变现的商业书，再到出版大家正拿在手上阅读的这本新书，就是因为我设定了一个个要跳起来才能摸得到的目标。

第四，要符合我们的价值观。鱼和熊掌不可兼得，我们没有办法去做两个实现起来会互相矛盾的目标。例如，我又想在写作出版上拿到成果，又想每天生活得舒舒服服，这两个目标显然是冲突的。

第五，要能平衡工作与生活。要实现目标，必然要投入时间和精力，甚至可能要牺牲一些东西。我在写《流量变现：27个高转化的营销经典案例》这本书的时候，就给自己制定了每天写3000字的硬性要求，不管在哪里，每天雷打不动，一定要写。如果目标会对我们的事业、经济、家庭、健康、精神等各个方面提出挑战，那么制定这个目标时一定要思考，如何才能够取得平衡？

第六，要有明确指向要实现的状态。如果定下一个目标，可生活仍在原地踏步，那也不可能称之为目标。写出《流量变现：27个高转化的营销经典案例》这本书，就对我的生活产生了巨大的影响，使我被行业看到，被大平台邀请，被企业认可，被很多读者喜欢，很多人订购了我的付费课程与付费社群，进行深度学习，与我深度链接。这些情况与未出书之前是两种完全不同的状态，可以说我得到了很大的成就感与很大的效益提升。

掌握一套实现目标的方法

目标定好了，接下来要去实现它，但实现目标的过程中往往会遇到很多挫折和困难。为了帮助大家实现目标，我将分享一套实用的方法来帮助大家更好地掌控自己的目标，并付诸实践。

第一步：制定实施计划

实现目标的关键在于制定可行的实施计划，具体、明确，有每一个步骤的细节和时间安排。我在写书的时候，就专门制定了推进计划和各种细节要素（见表1-1）。

表1-1　推进计划

开始时间	完成时间	章节	字数	完成情况	完成奖励

你也可以将这个表改动一下，改到自己觉得好用的程度。

第二步：制定绩效指标

大家可能会觉得奇怪，对自己为什么还要用绩效指标来进行考核呢？其实制定绩效指标是实现目标的必要条件，它可以帮助我们跟踪目标的进展，并及时调整计划。例如，我每天必须完成3000字的内容，完成了就奖励自己一杯奶茶。当然奶茶喝多了不是好事，健康第一，有时候我会改成奖励自己去看一部电影或允许自己买一个小玩意儿，这样可以形成一种正循环。

第三步：复盘和分析

必须及时记录个人行动和进展情况，并进行深入的复盘和分析，找出原因并及时调整计划。例如，我今天写书的进度太慢了，我就会反思，寻找具体的原因，并记录下来以确保之后可以提升效率。如果发现是因为手机在侧使我分神，影响了我的效率，那么以后我就会把手机放在远远的地方。没有复盘的人生，每天都在浪费。

第四步：持续追踪

实现目标的关键在于持续追踪。如果发现计划出现了偏差或目标难以实现，应及时进行调整。我之前写书写出了疲惫感，会控制不住自己去刷短视频，内心总有一种想逃避的感觉。当影响我们目标实现的问题出现时，我们一定要尽快做调整。

以上是实现目标的基本步骤，通过以上步骤，我们能够更好地掌控自己的目标，并付诸实践。

关于如何制定目标和实施计划，我有一套成熟的管理表格，你可以关注微信公众号"刘芳在想"，回复"个体变现"获得这套表格。

》自我练习

请你为自己定一个有一定挑战性的目标，要有具体的落实计划。

1.3

躬身入局：不亲自下场参与，我们永远摸不到财富的门

想获得财富为什么必须躬身入局

想获得财富为什么必须躬身入局？有时候我们向自己多提几个问题，答案自然就来了：

（1）我们能更好地理解自己当下面临的问题吗？（能/不能/不确定）

（2）我们能获得更多关于自己所开展的业务的信息吗？（能/不能/不确定）

（3）我们能够更好地发现业务当中存在的机会吗？（能/不能/不确定）

（4）我们能够与利益相关者建立好的人际关系吗？（能/不能/不确定）

（5）我们能够更好地学习和提升自己吗？（能/不能/不确定）

看，当我们向自己提出以上几个问题后，答案自然就来了。如果以上的答案都是"不能"或"不确定"，就说明我们参与得不够多、不够深、不够全。躬身入局，意味着自己要全身心地投入工作、项目和生活中，这可以让我们更好地理解问题，获得更多信息，发现潜在机会，建立更好的

人际关系，以及有更好的学习提升。

有些人认为自己只需要扮演好指挥者的角色，但是一旦远离了事情的本质，我们的双眼就会被蒙蔽，我们做出的决定也就不再客观了。

所以，躬身入局是每个智者都会做的选择，它能让我们从一点一滴的实操中发现问题、方法、价值、机会。别人蒙骗不了我们，我们也能更了解事物本质。

虽然躬身入局是提高决策能力和获得财富的有效途径，但同时也容易使我们迷失自我，忘记我们"当初为何而来"，陷入"当局者迷"的情况中。

那么，在躬身入局的过程中如何才能不迷失自我呢？

首先要明确和坚守自己的价值观和底线。价值观是一个人对于人生的价值追求和信仰体系。底线是一个人对于道德、法律等方面规定的坚守。如果你是一个女性成长教练，那么你应该致力于帮助女性实现自我认知、自我发展和自我实现，提高女性的综合素质、生活品质和独立人格。但是，受利益的驱动，你可能并没有坚持这样的初心，而是一味向女性灌输不好的价值观、人生观、情感观，那么大家的眼睛是雪亮的，她们会判断出你的价值观和底线是有问题的，也会很快选择离你而去。

其次要保持内心的平衡和坚定，要有战略定力。想做一番事业，过程中必然会面临很多压力和挑战，这时候要保持内心的平衡和坚定，不要被外界环境左右。有很多朋友和学员说我的心态非常平和，不容易被别人带节奏。我保持心态平和的能力并非天生而来，而是得益于后天的刻意训练。自我反思、自我控制、调节身心健康、培养积极的心态，其实并不难，每个人只要掌握一定的方法和技巧，就可以帮助自己保持心态平和。

建立正确的人际关系也非常重要，可以帮助我们更好地了解市场、了解用户，从而更好地做出决策和实现自己的价值。但是，建立人际关系也需要注意方法和原则，不要为了自己的利益而去伤害别人的利益，要尊重每个人的人格和权利。

不断地学习和成长也能够让我们变得更加睿智和从容，只有这样，我们才能在自己的领域里不断成长，提高自己的能力和水平，从而更好地应对各种挑战和变化。

最后请你一定保持独立思考的能力。这个时代的媒体渠道和发声者太多了，我们的周围充斥着各种各样的声音。所以我们更要掌握看透事情底层逻辑的本领，对信息进行分析评估，提取有价值的内容，并结合自己的实际情况进行有效的筛选，以避免自己的心智受到不必要的干扰。

我给大家分享一个特别典型的案例。我的一位朋友连芳菲，是深圳凯歌公关的创始人，在深圳有超15年服务500强企业的经验。

2020年，受疫情影响，她的大部分客户选择了撤单。凯歌公关的资金链到了断裂边缘。

她没有退缩，于2020年8月开始做抖音号。3个月的时间，她收获了3万多名粉丝，这让她看到了新媒体的力量。然后她开始报各种新媒体学习班、社群运营班，不断学习、摸索，后来她还考了全媒体运营师和主播证。

一个在传统媒体、品牌行业深耕多年的人，躬身入局新媒体后，看见了完全不同的世界。

首先到来的是深圳之窗的机会。她策划的第一个节目就是《和作家一起读书》，她邀请了100个作家，主要是深圳本土的著名作家、流量作家和正在打榜的高热度作家，我也因为第一本书斩获京东、当当七榜第一而有幸做客她的节目。

局面逐步打开，2022年6月以来，深圳之窗视频号的流量每个月都在百万以上，2022年12月时更是达到了800万。截至2023年4月，深圳之窗视频号8个月的流量超过了2000万。深圳之窗全网流量一年累计超过5000万。

通过直播，她链接了超过100位作家，有数万名粉丝追随，上百个商家开始邀约直播，希望链接到她的内容里。

面对挑战，她没有退缩，而是躬身入局做平台，她也因此看到了平台的力量，实现了超级个体的升级。

躬身入局的最大风险是什么

想要成为拥有个人IP的超级个体并实现财富自由，必须躬身入局，投入大量时间和精力去掌握所处行业的细节和规律。但是，这也会带来许多风险，其中最大的风险是可能陷入行业思维定式，忽略了行业外的变化和机遇。

为什么会有行业思维定式呢？因为当我们长时间处于同一个行业中，习惯了特定的商业模式和操作流程，我们就很容易忽略行业外的新技术、新趋势和新机遇。例如，在营销领域，很多营销从业者习惯了传统的那一套做法，忽略了新媒体渠道的发展趋势，从而丢失了躬身入局的好机会，这样的例子我看得实在太多了。思维定式不仅会让我们错失机会，还会使我们的竞争力逐渐丧失。

那么，如何规避这一风险呢？就是要不断学习、学习、再学习，更新自己的知识和技能，保持对行业内外变化的敏感度。例如，我经常会参加行业内外的各种培训、会议和展览，与同行或跨行业的人交流，了解最新的技术和趋势；同时也积极地寻找跨界合作的机会，尝试进入一些社群的圈层，以提升自己的认知。

除了以上提到的风险，我们还需要注意以下几点。

要有长远的眼光。不能只顾眼前的利益，当前的一些回报虽然可能很可观，但也有可能牺牲掉我们长远的发展。

要懂得合作。虽然个体追求独立自主，但在商业环境下，合作是必要的。合作者可以互相促进，发挥各自的优势，使双方获得更好的收益。

要保持独特性。在市场竞争激烈的情况下，要有自己的品牌特色和风格，这样才能吸引更多的消费者，建立起忠诚的用户群体。不要人云亦云，不要随便跟风，不要丢失了自身最大的竞争力。

现在，相信大家能够理解了：必须躬身入局才能获得更多的信息，看到更多的机会，了解更多的人；同时也要注意破除思维定式，这样才能不断发展壮大，获得更多的财富提升机会。

»自我练习

思考一下：接下来有哪些重要的事情，需要自己躬身入局去找结果？

1.4

持续行动：想得多做得少，一成不变的人生要如何取得突破

缺乏内驱力

在追求个人成功的过程中，很多人常常发现自己想得多做得少，总是提不起劲，也行动不起来。

我们常说想成事必须有内驱力，但何为内驱力？内驱力是指个人内在的动力和能力，使自身有自我激励的感觉，进而采取积极主动的措施来实现自己的目标或应对困境。

一个拥有内驱力的人，不仅会完成手头工作，还会努力寻找挑战自己的机会，并力求超出自己的界限，发挥自己的最大潜力。例如，在职场中具备内驱力的人可能会主动学习新技能，并询问上级领导关于学习和发展的建议，还可能会主动参加社交活动和行业活动，与他人交流以寻找新的机会和合作伙伴，等等。这些都是有内驱力的表现。

如果我们想让自己的一生变得更有意义、更有价值，那么激发内驱力就十分重要，下面我给大家分享一些具体的建议，希望对大家有所帮助。

找到内心需要：要发现自己内在的需求和动机是什么。比如说，我们是否想成为一个成功的创业者或一名优秀的培训师？如果实现了，我们是不是会获得极大的满足感与成就感？只有明确自己的内心需要，才能够更有动力地追寻它们。

制定目标计划：一旦明确了自己的内心需要，我们就应为其制定目标计划，并且把它们分解成更小的任务。这样做的好处是，一方面，可以让自己不感到过于困难；另一方面，每个小目标的实现都会让自己感到满足和有成就感，激励自己为最终目标的实现继续努力。我经常会将自己定的大目标拆解成小目标。我们要学会把目标当成游戏，而不是把目标当成一种巨大的困难。

多和"牛人"打交道：与"牛人"交流和互动，能够让我们从他们身上获取成功的经验和能量。这样不仅可以激发自己的内驱力，还能够获得他们给予的宝贵指导和帮助。我经常会通过微信视频号与各行各业的大咖和专家连麦，这不仅使我打开了新的视野，学到了新的东西，而且能够赋能我的学员和读者朋友。

持续学习：在成为超级个体的这条路上，我们能否与他人不同，能否脱颖而出，关键就在于我们能否持续不断地学习，从而使自己更加专业。

活在当下：不要过度担心过去和未来。要学会享受当下，充分利用每一天，并根据自己的内心需要去驱动自己前进，我们会发现，内驱力会让我们从容前行。

人生目标是一个长期的追求，不同的人在不同的生命阶段、不同的经历中会察觉到自己的人生目标。一般来说，很多人在完成一些人生重要任务、经历挫折失败、获得他人的认可、认识优秀的人或阅读优秀的书籍，甚至遇到生命威胁时会有所触动，产生对自己人生目标的思考和探索，并开始慢慢产生内驱力。

我也经历过人生目标不清晰、浑浑噩噩过日子的时期。我的内驱力的产生，缘于疫情下工作和生活发生的重大变故。这些变故使我明确了自己的人生应该走向哪里，并决定了我之后的所有行动，助力我一步步走到今天。

激发内驱力是个人获得成功的关键因素，它推动个人不断前进和成长，当你找到自己的内驱力的时候，你的内心将充盈无比。与其一直对未来茫然，不如花些时间搞清楚自己要走的路是什么。

解决拖延和分心问题

拖延和分心是许多人面临的常见问题，尤其是在现代社会中，我们经常面对各种干扰和诱惑，很难集中精力去完成一件事情。然而，持续的行动力是做任何事情的基础，非常重要，如果总是干一下停一下，损失会非常大。因此，解决拖延和分心的问题至关重要。但是，在着手解决之前，我们也要了解一下这些问题频发的原因。

拖延的原因主要是缺乏动力，也就是前面我们讲过的——没有目标、缺乏内驱力。如果我们不知道自己的目标是什么，或者不相信自己能够完成任务，我们就很容易拖延。另外，拖延也与焦虑和恐惧有关。有些人可能害怕失败，或者害怕接受别人的批评，因此就会选择用拖延来缓解自己的焦虑与恐惧。

分心的原因有很多，但其中最主要的是缺乏对注意力的控制能力。当大脑无法集中注意力时，我们就很容易分心。此外，周围的环境也可能影响我们的注意力，如社交媒体、电视、游戏等，这些都会分散我们的注意力。

已经清楚了原因，我再给大家讲一些我运用过的解决方案。

分解任务：将任务分成更小的部分，让任务看起来更容易完成。

奖励自己：完成任务时，给自己一些小奖励，如看电影或吃喜欢的食物。

利用好奇心：将任务看作一个挑战，利用好奇心来激发动力和兴趣。

找到同伴：找到一个有相同目标的人，互相激励，一起努力完成任务。

培养专注力：可以帮助我们更好地控制注意力，从而避免分心。我认为当下最影响专注力的就是手机，当决定专注于做一件事情的时候，请把手机放在远远的地方。

寻求帮助：有时候靠我们自己可能没有办法来克服拖延和分心的问题。遇到这类情况，可以向专业人士或朋友寻求建议和支持，如向心理医生、专业咨询导师或工作伙伴请教。

拖延和分心是在持续行动过程当中遇到的老大难问题，虽然影响很大，但我们也不要因为改变困难而选择逃避。可以尝试着运用我上面给大家的方法，如果在运用的过程中觉得有效果，就坚持下去。只有持之以恒，才能实现我们的目标；要持续行动，就要与人的天性做一些抗争。

自律者才值得拥有自由的人生，这真的不只是一句鸡汤，它需要人们扎扎实实去实践。

有效地管理时间和任务

时间对于任何人来说都是最公平，也是最宝贵的资源之一，有效地管理时间和任务是成功的关键因素之一。但是，我们需要警惕时间的杀手，它们几乎无处不在，如社交媒体、手机、电视、游戏，甚至一杯奶茶也能让我们浪费宝贵的时间。这些东西看似无害，但会不知不觉地吞噬我们的时间，使我们无法集中精力完成任务。

我有一个习惯，当需要完成一项任务的时候，我会选择将手机调至静音或远远放在一边，以免自己被社交媒体的消息干扰。因为一旦把时间交给了社交媒体，我们就会不知不觉地耗费一两个小时，甚至更多时间，我们的大脑会被碎片化的信息占据，最后变为一片空白。

那么如何来管理任务呢？我建议大家根据任务的优先级和难度来合理地分配任务，例如，可以将其分为四类：重要紧急、重要不紧急、紧急不重要、不重要不紧急。这是常用的分配方法，相信大家并不陌生。然后，我们可以将重要紧急的任务优先完成，重要不紧急的任务安排在适当的大块时间内完成，紧急不重要和不重要不紧急的任务可以委托给其他人完成或放在空闲时间完成。

我会把大块时间用于完成重要不紧急的任务，因为这些任务对于我来说，往往是困难但正确并且需要长期坚持，也是最耗精力思考的事，所以我会在自己状态最好的时候花费一定的时间来做这类事。写书就属于这类事情，它完成起来有难度，周期长，短期内又很难看到成果，很多人不愿做，总会说没时间做。没时间，主要是这个事我们根本没有重视起来，没有看透这个事底层的价值和逻辑。对于一个专业人士来说，写书是一件拥有巨大势能的事情，图书一旦成功出版，便能撬动我们过去10年、20年都无法撬动的资源，但很多人还停留在写书又难又不赚钱这个粗浅的理解上。如果你想深度了解写书给创业者、专业人士、IP人、职场人带来的长远价值，想让自己的专业、能力被更多人看到，你可以进一步与我联系。

有效地管理时间和任务是成功的关键因素之一。通过避免浪费时间、学会合理地分配任务，我们的工作效率可以更好地提高。也许和许多人相比，我们在很多方面不占优势，但在时间和任务管理上，所有的人都是站在同一起跑线上的。如果在这样一个公平的比赛中我们都不能抢占先机，那到后面就更不用谈什么实现目标了。

管理时间其实是最容易的事情，管理好时间，就能管理好自己。

如何克服失败和挫折

在为众多咨询者提供个人IP与创业咨询服务的过程中，我发现许多朋友面临的最大问题是情绪上的挫败感。有些朋友寻求我的帮助，实际上是在寻求心理上的开解与安慰，他们甚至希望获得能引领自己走出迷雾的导师的长期陪伴。

的确，想要打造个人IP，成为一个超级个体，并不是一件轻松的事情。人的一生，不可能事事顺心，遇到挫折是极其正常的事情，跟吃饭睡觉一样正常，它们的出现也提醒我们要重新审视我们的行动计划，不断寻找新的方法和策略。

我们要学会复盘，学会迭代自己，而不是总在一个问题上屡屡摔倒。没有反思和总结的人生，每天都在浪费。

遇到失败和挫折，我们可能会感到孤独和无助，这时候找到支持和帮助是很重要的。这个支持可以来自朋友、家人、同事、导师、教练等，他们可以提供帮助、鼓励和建议。同时，加入团队和社群也是一个不错的选择，这样可以让我们和其他人分享经验和知识，并从他们的成功和失败中学到经验。我的轻创业社群就集合了许多这样的朋友，他们中有创业者，有IP人，也有做副业的人，还有许多想寻求职业转型的职场高管，大家在社群当中经常会进行信息沟通，互通有无，提升认知，获得鼓励，产生行动，取得成果。

在成长的过程中，虽然遇到的失败和挫折会让我们感到沮丧和失望，但是通过寻求帮助或找到组织的方式获得支持，找回积极的心态，可以更好地帮助我们解决问题并继续前进。

在这个时代，单打独斗难行路，抱团取暖才能走得更远。

》自我练习

　　试想一下，有哪些事情非常容易分散你的注意力？接下来请结合本节内容进行调整，看看效果。

1.5

个人IP：让我们成为同赛道中的佼佼者

什么是个人IP

随着互联网和社交媒体的普及，越来越多的人开始注意到"个人IP"这一概念。那么，什么是个人IP呢？

个人IP是指基于个人的颜值、性格、才艺等个性特点，通过营销、推广等方式打造出独一无二的品牌形象，使个人成为一个在特定圈层或更广泛的范围中具有商业价值和影响力的品牌。通过个人IP的建立和运营，个人可以实现自己商业价值的最大化。

那么，什么样的人才适合打造个人IP呢？基本上任何具有独特个性、求知欲强、愿意分享、有良好的沟通技能和创新思维的人都可以打造自己的个人IP。

那么，个人IP为什么就火了呢？你可以试想一下，现在你获取信息的主要渠道是哪里？是手机对吗？那么多的品牌、产品，都想通过一个小小的手机屏幕跳到你的面前，但是可能吗？太难了。更何况我们与品牌，与产品，是很难发生情感联系的，但是我们可以跟人有这种情感联系，所以个人 IP 就以更加人性化的方式出现在了我们的面前。个人 IP 的出现提高了人性，降低了物性，更好地代表商品与消费者进行互动。

人，终其一生的目标都是被看见。打造个人 IP，是让我们被看见的最好的方法之一。

个人 IP 为什么对超体个体来说很重要

个人 IP 和超级个体都是指个体通过创造和经营自己的知识、经验、品牌等独特资源来实现变现的方式。它们在某些方面存在共性，同时也有一些区别。

它们的共性如下：

独特性。个人 IP 和超级个体都强调个体的独特性。个体通过展现自身的独特知识、技能、人格魅力等去创造吸引力和价值。

自我品牌化。个人 IP 和超级个体都意味着将个体自身打造成一个品牌。个体通过塑造自己的形象、价值观及与受众互动来建立自己的品牌。

多样性。个人 IP 和超级个体可以涵盖各个领域和行业。他们可以是艺术家、作家、讲师、专家、教练等，不同的个体都可以通过创造独特的价值来实现变现。

它们的区别如下：

范围和规模。超级个体通常是指在某个领域或行业中有巨大影响力的个体。他们可能拥有大量的粉丝和追随者，并拥有广泛且稳定的变现渠道。个人 IP 可以是任何普通的个体，他们的规模和影响力相对来说较小。

<u>**变现方式**</u>。超级个体往往有更多的变现方式和机会。他们可以通过广告代言、推广销售、付费内容、赞助等多种渠道实现变现。个人IP可能会受限于一些特定的变现模式。

<u>**管理和团队**</u>。超级个体往往有专业团队来帮助管理自己的品牌和业务。他们可能会有经纪人、经理人、团队成员等负责他们的日常事务。个人IP可能更多依靠自己的努力去管理和经营。

需要注意的是，个人IP和超级个体的界定和概念可能有一定的模糊性和主观性，具体的划分可能因人而异。关键在于个体要能够准确把握自身的特色和优势，并采用适合自己的方式来实现变现。

但实际上我认为并不需要做极其严格的区分，个人IP和超级个体底层的定义有着极大的相似性，个人IP也好，超级个体也罢，我们都得做到以下几点：

（1）成为某个垂直领域的专家。

（2）成为"一人公司"或"公司超级代言人"。

（3）在一定的圈层内能产生具有影响力的个人IP效应。

（4）拥有超强的时间和效率管理能力。

（5）具备长期主义者的坚持和内容输出力。

（6）有足够的忍耐力扛过长期的寂寞。

在信息泛滥的时代，人们面临海量的信息和选择，建立一个独特的个人IP可以让超级个体从众多的竞争者中脱颖而出。他们的专业知识、价值观、个性特点等，使人们更容易认可他们，进而增加对他们的信任和尊重。我的轻创财富营年度社群中有一位于木鱼老师，她是一名即兴演讲教练，也是一名口才类畅销书作者，已经建立了自己的个人IP。她通过发布关于演讲口才的文章、短视频内容来吸引粉丝，建立粉丝对她的信任，不断扩大自己的影响力。此外，她还推出了在线演讲课程、训练营计划、线下大课等付费内容，吸引粉丝成为付费用户。她还提供一对一的演讲咨询辅导服务课程，帮助用户实现个性化的演讲表达需求。

另外，一个成功的个人IP可以让超级个体成为行业内的领军人物，引领行业的发展趋势。

秋叶集团的创始人秋叶大叔，最早的发展就源于其在PPT领域的精研。到目前为止，秋叶集团旗下的PPT业务称得上是国内PPT教学及定制的顶流，秋叶大叔自己从最初参与PPT研究和教学，到出版专业的PPT书籍，再到后来深入高校与品牌联合开展大学生PPT竞赛，为许多学习PPT的人提供了灵活就业的机会。此外，500强企业和政府机构在重要场合中的PPT，大多数出自秋叶集团旗下的PPT定制业务。秋叶大叔在PPT业务上的个人IP，已成为一个垂直领域的标杆。

DISC的联合创始人李海峰老师，也可以说是国内DISC行为风格测评领域极具专业性和权威性的老师，他构建的DISC社群拥有超过6000名认证学员，分布在各行各业。通过构建面向学员的全面培训、实战训练、业务应用、跨界合作、成果产出等体系性的专业内容，DISC社群吸引了国内众多有影响力的领域专家和行业精英加入，极大地推动了DISC在中国的应用与发展。

尽管超级个体和个人IP从定义上存在一些区别，但它们之间也有非常重要的联系。建立个人IP可以帮助个人在职业生涯和商业领域中获得成功，并最终成为超级个体。成为超级个体也可以进一步加强个人的形象和声誉，提高个人IP在社交媒体和公众领域中的影响力。

不过，个人IP也好，超级个体也罢，要想成事都要付出努力。所有一夜爆红的故事背后，都是一个人夜以继日的厚积薄发。

»自我练习

试着思考一下：你有个人IP吗？你在自己的领域里面有影响力吗？

第二章

定位力：找到我们擅长且离钱近的优势

　　无论在专业领域内，还是在职场中，许多人的教育背景和经验越来越趋同，竞争也越来越激烈。因此，想要获得更好的职业机会和发展，个人必须做好定位。

　　定位是指个人在特定领域或行业中所具有的独特的、有价值的、可识别的优势。做好定位可以帮助个人在职业发展中和创业过程中更好地发挥自身的优势，提高自身的竞争力，获得更好的机会和回报。

　　例如，我的定位就是帮助个体或企业提高流量变现的能力，因为我有从0到1构建千万级私域流量的成果。到目前为止，我向超过1000名用户提供了个人IP打造与流量变现的咨询服务，同时还出版了《流量变现：27个高转化的营销经典案例》一书，该书拿到京东、当当七榜第一名。

　　又如，一个亲子教育领域的人，他能帮助家庭解决在亲子教育过程中遇到的问题，这是他的专长，但是如果他能比其他同领域的人进入的赛道更垂直，解决问题的难度更高，成功案例更多，数据更有代表性，而且有自己的专业著作和品牌背书，那么这些就可以被提炼出来，形成他与其他人的定位差异。

　　随着全球经济的快速发展和互联网技术的普及，大量的信息充斥网络，撕裂用户的心智，传统行业的人每一步都走得十分艰难，许多传统行业与职业正在被颠覆和重塑。在这样的背景下，定位的价值越发凸显，精准定位是赢得未来竞争的关键。

也可以这么说，定位＝定金。定位定好了，别人就会为我们买单。

做定位一定要找到离钱近的优势，也就是说，在满足市场需求方面，离消费者的需求更加贴近、更加具体、更容易实现的优势。这种优势通常是通过深入了解市场和消费者获得的。

我的咨询者中有这样一位营养师，在过去的几年中，他一直没有找到自己精准的定位，所以产品变现能力也不是太好。我在帮他做了一次诊断后发现，普通家庭对于营养师的需求其实并不大，只有一些特定的人群才会有这种刚需，如刚生完孩子的妈妈及减肥人士。但是，刚生完孩子的妈妈基本上是由医院或月子中心来满足需求的，而减肥人士体量大、容易反弹，需求也比较长久和持续，所以我让他专门做减肥人士的轻脂营养餐，持续为一批人提供服务。这样的定位戳中了用户的刚需，他也因此推出了自己的产品，打开了市场。

在这个案例中，我帮助这位咨询者找到了离钱近的优势，重新明确了定位，既满足了市场需求，也获得了商业价值。做好定位，就等于明确了自己赚钱的方向。我们也不要不好意思谈钱，作为专业人士，就是要站着把钱赚了。

2.1

找到长板：明确自己的优势，蓄势起飞，所向披靡

何为长板优势

长板优势是指个人在某个特定领域或技能方面拥有非常突出的优势，超过了大多数人的水平。这种优势可能是天生的，也可能是后天通过不断努力和训练获得的。

我的咨询者中有一位做销售的朋友，我帮他做了诊断之后发现，他最擅长的是建立人际关系和与用户沟通，此外，他对用户非常有耐心，能够在谈判中保持冷静并在艰难的谈判中达成协议，所以他的成交力十分高。我建议他将这个优势发挥到极致，通过读书、参加行业活动和培训来进一步提高自己的沟通和谈判技能，形成自己的核心竞争力。一段时间后，他的业绩越做越好，他在公司得到了极高的评价和认可，还有外部的企业与机构邀请他做培训分享，这些又进一步提高了他的个人影响力。

找到个人的长板优势是非常重要的，找到之后将其效应放大，可以帮助我们在特定的领域取得更好的成绩，有更好的表现，从而获得更多的机

会和更大的成功。

如何找到自己的长板优势

既然找到自己的长板优势价值如此之高，那么我们可以通过哪些方法与技巧找到自己的长板优势呢？我给大家列举一些简单易行的方法，如下。

自我评估：花时间思考自己的兴趣、技能和经验，看看自己在哪些方面表现出色。例如，我们可以把自己的兴趣、技能和经验列在一张纸上，先做加法全部列举，然后做减法逐个删除，直到留下最后一项，这就是我们最拔尖的优势。我的个人优势就是通过这个方法找到的：全部列举，逐一删减，最后保留下来的就是长板优势。

请他人评估：寻求朋友、家人、同事或导师的意见，并询问他们认为我们的长板优势是什么，通过身边人的反馈来获取关键信息，如果他们的回答具有共性，那么最有共性的那个答案就是我们的长板优势。

探索新领域：如果我们觉得找不到自己的长板优势，那么可以尝试新的事物，去接触新的环境。这就好比很多大人培养孩子兴趣的时候所做的，就是让孩子一项一项去试，让孩子在接触这些新事物的过程中慢慢找到自己的兴趣点。

参加职业测评：参加专业的职业测评可以帮助我们了解自己的职业兴趣和能力。互联网上有许多成熟的职业测评软件，都可以成为我们用来找到长板优势的工具。

寻求专业人士帮助：如果你感到困惑或无法确定自己的长板优势，那么可以寻求专业咨询师的帮助，因为专业咨询师练就的咨询能力，其背后所花费的时间、精力、成本是非常高的，有些问题对你来说非常难，但对咨询师来讲，可能就是轻而易举的事。例如，我在轻创业营社群中就经常给会员做诊断，分析会员的长板优势，并给出进一步放大其优势的建议。很多人遇到问题喜欢自己琢磨，实际上你遇到的问题大部分人曾遇到过。遇到问题时，多找人问问。

　　找到自己的长板优势需要一定的时间，但也请你给自己这样的时间，通过反思、学习、实践、与他人交流和咨询专业人士等多种方式，逐渐发现自己的优势，从而更好地发挥个人潜力和价值，蓄势起飞，所向披靡。

» 自我练习

　　请结合本节，找到自己的长板优势。

2.2

确定标签：精准提炼标签，让我们的价值一目了然

什么叫个人标签

个人标签是个人在职场或社交场合中展示自己特质和个性的一种方式，也可以理解为自我宣传的标识。一个人一般会有一个主标签，多个副标签。主标签是为了确定我们的专业印象，副标签则侧重于打造人设。

我的个人主标签就是营销增长顾问。当我创建了这个主标签后，我就会在社交媒体和行业活动中积极地展示这个主标签。例如，出版《流量变现：27个高转化的营销经典案例》一书、在各大专业媒体和社交媒体上写商业文章、参加各大行业协会活动、分享营销趋势的思考与经验等，都是为了展现和巩固这个标签的印象。我的副标签就多了，如畅销书作家、新零售营销专家、私域流量增长顾问、流量变现教练、个人IP商业顾问、好物品鉴官等。我会在不同的场景下运用不同的副标签。

确定恰当的个人标签，有以下几个方面的价值。

1. 能够提升自己在人群中的独特性和认可度

确定恰当的个人标签，能够帮助人们更快、更准确地理解我们的特点和优势，进而提升我们在人群中的独特性和认可度，让人们更愿意与我们建立联系和合作关系。例如，我们轻创营社群的朋友@赛美就以"财富界的赛菲特、保险界的独角兽"为品牌标签，简明地对标了全球顶尖财富名流的影响力，用经过长周期验证的顶尖资产配置方式服务于她的高净值用户；同时，以互联网+教育咨询的模式在保险业形成独特的经营模式，建立了业内人士难以超越的"护城河"。@赛美非常注重个人IP的建立，她每年都出版图书，在财商教育、财富管理、保险领域建立了权威性和专业性。

2. 能够提高自己的竞争力和吸引力

在职场和社交场合中，个人标签能够让我们更好地突出自己的核心竞争力和吸引力，提高自己在竞争中胜出的概率。@赛美的个人标签"财富界的赛菲特、保险界的独角兽"就非常好地凸显了她的核心竞争力和吸引力。

3. 能够为个人的职业发展和价值实现提供帮助

个人标签能够帮助人们更好地认识自己的职业价值和方向，进而使人们更有针对性地制定职业规划和发展策略，实现自身的职业价值和目标。以一个好的品牌标签为目标导向，人们便会有更强的实现目标的动力和行动。

所以，拥有一个好的标签，对于个人事业的发展有着非常重要的意义，可以让其他人更好地识别我们，也能够让我们明确追求的目标和动力。

如何准确提炼个人的标签

一个精准且富有吸引力的个人标签不仅可以帮助我们快速获得他人的认可和关注，也可以让我们赢得更多的机会和资源。但如何准确地提炼出个人标签呢？下面是一些具体的操作方法。

1. 思考自己的价值观和优势

个人标签应该紧密联系着我们的价值观和优势，如果自己来提炼非常困难，那么可以结合自我评估、360度评估、咨询顾问的辅导等方式梳理出自己的价值观和优势，并通过列举关键词的方式进行概括，以便后续提炼个人标签。

2. 定位自己的目标受众

提炼出个人标签的目的是获得目标受众的关注和认可，因此在提炼个人标签之前，我们需要明确自己的目标受众是谁。这可以通过市场调研、分析竞争对手等方式来确定。例如，我在提炼个人标签的时候就发现，无论是个体创业者，还是企业人，都需要"流量变现"的赋能，所以我的目标受众就是企业创始人、个体创业者、想实现流量变现的人。但是，B端受众更能接受"营销增长顾问"的标签，而C端的受众更能接受"流量变现教练"的标签，所以针对不同的受众，要调用不同的标签。

3. 挖掘自己的独特性

在提炼个人标签时，需要挖掘自己的独特性，并通过列举关键词的方式进行概括，以便后续提炼个人标签。例如，我虽然提炼出了"流量变现教练"这个副标签，但是实际竞品不少，那如何跟他们进行区别，保持自己的独特性呢？所以我写了《流量变现：27个高转化的营销经典案例》这样一本畅销书。"流量增长顾问"可以很多，但能写畅销书的却很少，这样一来我就具备了独特性，不至于在一个极简的赛道之内与人肉搏，而且如果谁用"流量变现"作为自己的标签，某种程度上也是在为我的书做广告，用"流量变现"做标签的人越多，我的书卖得就越好。

4. 基于事实提炼标签

个人标签需要基于我们的真实情况，不能是虚构或夸张的，以确保个人标签的真实性和可信度。例如，我在新零售、营销、私域流量领域有多年的经验，这是一个不争的事实。所以当我把这几个个人标签提炼出来的时候，我心里也充满了底气。

我将自己如何提炼标签、形成标签的方法梳理出来，希望给大家一个更加具象的参考。如果觉得提炼仍然困难，大家也可以通过这本书找到我，让我帮助大家一起完成这项极其重要的工作。

»自我练习

你的个人主标签有哪些？副标签有哪些？

2.3

起好名字：一个好名字，能带来百万价值

为什么要取一个好的名字

做好定位后，一定要取一个好的名字，为什么？因为一个好的名字能够让人容易记住且印象深刻，而这点十分重要。在这个信息爆炸的时代，人们的注意力往往非常有限，他们只会记得那些与自己相关的、令自己印象深刻的信息。

取一个好名字也能够传达我们的品牌特点。人们在听到某个名字时，会自然而然地想到这一名字所代表的品牌特点和价值。这种联想能够让我们的个人IP更加深入人心。

我的私教学员中有一位同学，其个人标签是私域运营专家，她给自己取的名字是"刘十二"，这个名字就非常吻合运营人的特性，因为运营人有很强的用户服务属性，而这个名字真有一点"小二"的感觉，听起来一点也不违和，简单、易记又好读。虽然刘十二说取这个名字与她的生日有关，但该名字也很好地契合了她运营人、服务人的标签。

在激烈的竞争环境中，每个人都在寻找自己的差异化竞争优势，好

名字可以帮助我们从众多品牌中脱颖而出，并让我们更容易被人们接受
和认可。

如何取一个与定位相符的名字

一个与定位相符的名字能够帮助我们吸引目标受众的注意力，提高我们的认知度。那么我们在取名字时要遵循哪些原则呢？以下我为大家列举一些取名时的要点。

定位明确：应该明确表达我们的个人定位和主要价值，避免取一个不相关的名字。

简单易记：名字应该简单易记，不要有难以发音或容易混淆的名字。

创新独特：一个创新独特的名字能够引起人们的兴趣和好奇心，有助于我们的个人 IP 从众多竞争对手中脱颖而出，并且更容易让人记住。

包含关键词：在名字中包含品牌的关键词，这样可以提高我们在搜索引擎中的曝光率。

不失诚信：符合诚信和道德规范，避免取一个容易引起争议或反感的名字。

考虑未来发展：名字应该具有一定的可塑性和扩展性，能够随着品牌的发展而发展。

避免法律纠纷：在选择名字时，需要避免使用已被注册的商标名称或侵犯他人知识产权的名称，以免引起法律纠纷。

我的一位咨询者是位摄影师，他用的名字中有一个"影"字。在为

他的自媒体号取名字时，他不想使用自己的名字，因为他觉得"＊影摄影"这样的名字太普通，很难让人们记住。我们多次讨论之后，决定采用"光影瞬间"作为他自媒体号的名字。这个名字既包括了他现用名字中的"影"字，又体现出了他的具体业务，而且朗朗上口，很容易让人们记住。

一个好的名字能够帮助我们更好地展示自己的价值。有些时候，在一个人或一个品牌的成功中，名字甚至起到了非常重要的作用。

»自我练习

请尝试为自己取一个匹配自己定位的名字。

2.4

打造人设：好人设不是装出来的，是踏实做出来的

人设打造的要素

在做个人定位的过程中，除了个人形象和名字的选择，还有一个重要的方面，那就是人设。一个好的人设可以让人们对我们有更深刻的印象，从而提升个人IP的认知度和影响力。具体来说，一个好的人设需要具备以下几个要素。

独特性：拥有与众不同的个性特点和形象特征，这样才能在人群中脱颖而出。

一致性：在不同场合下呈现相同的形象和特点，这样可以增强个人IP的稳定性和可信度。

时代感：与当前时代的文化和价值观相符合，提升个人IP的受欢迎程度和时尚感。

亲和力：好的人设需要让人们感觉亲切和容易接近，这样才可以让人们更愿意与我们互动和沟通。

　　我们轻创营社群当中有一位会员朋友叫林曼，她从事茶艺工作，每次出现，都是新国风的着装风格，挽着发髻，典雅清秀，这样的人设与其个人定位契合度非常高。

打造人设的具体方法

　　一个好的人设对于个人IP的建立和发展至关重要。通过打造好的人设，我们可以更好地与粉丝及合作者建立联系，提升自己的竞争力，获得更多的机会和收益。既然一个好的人设那么重要，那我们该如何打造好的人设呢？

　　可以遵循几个步骤，如表2-1所示。

表2-1　打造人设的步骤

步骤	做法
确定人设	确定自己的特点和品牌标识，以便在打造人设过程中保持一致性。这些特点和标识应该体现出自己的个性和与众不同之处。例如，美妆博主可以独特的妆容风格为自己的品牌标识，茶道研究者可以着新国风服饰、发饰为自己的品牌标识
找到对标	研究不同领域的成功人士的人设，结合自己的特点和目标，确定适合自己的人设，并为此制定相应的行动计划。取百家之长，补自家之短，找好对标的对象
保持一致	保持品牌一致性，包括对个人形象和品牌标识的一致管理。例如，某个自媒体创业者可以在自己输出的所有内容中放一个统一的品牌标识，不要今天放这个，明天放那个。要给用户统一的认知，使他们看到这个标识，就知道是我们
做自媒体	利用社交媒体和网络工具来建立个人IP和人设，包括创建线上社交媒体账号，发布优质内容，增加互动和管理粉丝关系等
专业塑造	全面考虑自己的各个方面，包括提升自己内在和外在的专业素养，并同时进行自我塑造和营销。例如，一个生涯咨询师可以通过学习提升自己为用户服务的专业素养，并且在社交媒体上持续分享自己的职场成长经历，来获得用户的关注与认可

打造人设需要不断深入了解自己和市场需求，并采取相应的措施来促进个人形象和品牌的塑造与营销，这样才能提高自己的影响力和知名度，实现商业价值的最大化。

» **自我练习**

你的人设特点有哪些？为什么？

2.5

品牌故事：写出有共鸣力与带货力的个人IP故事

个人IP故事的价值

一个好的个人IP故事，对定位有着极强的巩固作用。个人IP故事是一个人用于塑造自己形象和传达自己独特价值的故事，它是通过个人经历和成长历程来阐述一个人的使命和价值观的。

个人IP故事的价值主要体现在以下几个方面。

建立情感共鸣：通过个人IP故事，人们可以更好地了解和认识我们，进而与我们建立情感共鸣。因为人们在听到有趣、温暖、励志的故事时，会更容易接受我们的品牌形象。

增强品牌差异化：在同质化的市场环境中，讲述自己的成长历程、经验教训等，可以让人们更好地理解我们的品牌特点和优势，从而增强个人品牌的差异化和竞争力。

提升品牌影响力：一个好的个人IP故事不仅能吸引人们的注意力，还能在社交媒体等渠道中引发分享和讨论，帮助我们的品牌赢得更多的曝光机会。

塑造品牌形象：个人IP故事是打造品牌形象的有力武器。讲述自己的成长历程、价值观和成就等故事，可以让人们更好地了解和认识我们的品牌形象，从而塑造出一个积极、自信、有责任心的品牌形象。

个人IP故事对打造个人IP非常重要，因为我们每个人都很难记住那些专业的内容，但唯独记故事，是一种天生的能力。

如何确定个人IP故事的主题

个人IP故事通过讲述个人经历、价值观和成就来吸引粉丝与用户的关注，并建立起个人IP的独特性和吸引力。在着手写之前，确定个人IP故事的主题是关键的一步，需要考虑以下几点：

通过以上几点，我们可以初步确定个人IP故事的主题，但是在实际操作中，还需要进一步挖掘和细化，以确保个人IP故事的主题更加贴合自己和市场需求。

- 与市场需求相关性
- 与目标受众相关性
- 与自己的个性相关性
- 与自己的领域相关性

我曾经为自己写了一个个人IP故事，名为《建千万私域流量，助学员变现百万，普通人打造个人IP轻创业，我靠6点逆势破局》。这个个人IP故事包含了与领域、个性、目标受众、市场需求相关的内容。这个个人IP故事发布之后，吸引来的都是精准的用户。个人IP故事一定要吸引来精准的用户，太宽泛的用户顶多能凑个热闹，但是精准的用户会根据自己的需求来选择是不是加入我们的社群或购买相关的产品。你可以关注"刘芳在想"公众号来了解这个故事。

如何让个人IP故事更加引人入胜

一个好的个人IP故事不仅可以引起人们的共鸣，还可以吸引更多的人了解和关注个人IP。但是，如何让个人IP故事更加引人入胜呢？下面我将用"英雄之旅"的写作逻辑写一写从农村姑娘成长为商业畅销书作者的个人IP故事大纲，此故事为虚构，如有雷同，纯属巧合。

起点——农村姑娘

故事的主人公是一位来自农村的姑娘，出身贫困，但勤劳善良。她从小学时期起学习成绩就很出色，但由于家庭贫困，无法接受更好的教育。

目标——成为一名畅销书作者

主人公在上大学时意识到，自己有一颗写作的心，而且写作可以改变自己的命运。她决心成为一名畅销书作者，传递自己的故事和思想，帮助更多的人。

障碍——文化差异和挫折

由于主人公的家庭和背景，她需要克服许多文化和社会障碍，例如，缺乏专业知识和经验，面临社会歧视和嘲笑……她曾经尝试过写作，但第一次的作品并不成功，她经历了自我怀疑和挫折。

转折——发现自己的特长和机会

主人公在大学时期偶然发现了一本商业畅销书，深受其启发。她开始尝试以自己的经验和思想为基础，撰写自己的创业故事。她在社交媒体上分享自己的文章和想法，得到了一些粉丝和追随者的关注。

成长——培养自己的技能和品牌

主人公逐渐意识到，要想成为一名畅销书作者，需要不断学习和提升写作技能，塑造个人IP。她开始接受写作课程、参加写作工作坊、阅读书籍和博客内容，以此来不断提升自己的写作能力、丰富自己的知识。她在社交媒体上建立了自己的个人IP，打造了一个独特的写作风格和口碑。

收获——成为一名畅销书作者

主人公最终凭借自己的努力和坚持，成了一名畅销书作者。她的第一本书位列畅销书排行榜的榜首，并且在社交媒体上得到了广泛的赞誉和支持。她的品牌和声誉得到了不断提升和加强，她本人也成为一名广受欢迎的作家。

归来——回馈社会

主人公在成为畅销书作者的同时，也没有忘记自己的初心和责任。她把自己的成功经验分享给更多的人，提供写作课程和指导，帮助其他来自农村的年轻人，支持他们实现自己的梦想和抱负。

这个故事的主人公通过自己的努力和决心，克服了许多困难和障碍，实现了自己的梦想并建立了自己的品牌和口碑。

"英雄之旅"是一种古老的、跨越文化的故事模式，它描述了一个英雄从出发到归来的全过程，包括起点、目标、障碍、转折、成长和收获等要素，是电影、小说、游戏等艺术作品广泛应用的故事模式。这种故事模式特别吸引人，因为它与人类基本的生命经验和精神追求相契合，主人公会从一个情境出发，经过重重困难和挑战，最终达到某种境界，并取得胜利。这一过程激发人们的好奇心和冒险精神，引发人们的情感共鸣。

当我们用"英雄之旅"的故事模式来构建自己的个人IP故事时，我们可以将个人视为主人公，通过一个个情境转化和挑战来讲述个人的IP故事。这种故事模式不仅能够让自己的经历更加具有故事性和连贯性，也会让用户有一种"养成系"的感觉，让用户认为自己参与了个体的成长，愿意持续关注个体的发展。

»自我练习

你有个人IP故事吗？请结合本节内容着手写一篇自己的个人IP故事。

第三章

内容力：做出他人愿意
买单的优质内容

内容是指在特定的媒介中呈现的信息、知识、观点、故事等元素的总称，有多种展现形式，包括文字、图片、音频、视频等，具体如下。

- 文字内容：通过文章、新闻、评论等形式呈现。
- 图片内容：通过图片、照片等形式呈现。
- 音频内容：通过音频、广播、播客等形式呈现。
- 视频内容：通过电影、电视剧、短视频、直播等形式呈现。

在互联网时代，内容已经成为一个非常重要的产业。现在也有越来越多的个人投入内容创作和营销中，通过优质的内容来吸引用户、增加流量、提高个人品牌的知名度；同时，也有了越来越多的平台、工具，包括AI的出现，帮助个体用户更加便捷地创作和发布内容。

好的内容是指能够吸引读者、引起共鸣、传递价值和信息的内容。好的内容往往具有以下特点。

独特性：必须是与众不同的，提供新的见解、观点或信息，而不是重复已有的内容。

有价值：能够帮助读者解决问题、提供新的思路或提供有用的信息，让读者感到受益。

可读性：应该易于阅读和理解，使用简单的语言和易于理解的结构，以便读者能够轻松地理解和吸收。

吸引力：能够引起读者的兴趣和好奇心，让他们想要继续阅读下去。

趣味性：能够让读者感到愉悦和享受，而不是枯燥和乏味。

可信度：能够让读者相信所传递的信息和价值基于可靠的来源和事实，而不是虚假的信息。

互动性：能够与读者进行互动和交流，引起读者的反应，让他们参与到内容中来。

要打造出好的内容，并不是一件容易的事情，但是，好的内容给个人带来的价值是非常高的。想打造出好的内容，就一定要对自己的内容输出能力进行专业的训练和刻意的练习。

在这个信息爆炸的时代，我们每天都会接收大量的信息。但是，不同的人对信息的偏好是不同的，这是因为我们每个人都有自己独特的背景和经历，这些因素会影响我们对信息的理解和接受程度。在这里，我们分析几个最重要的因素。

首先，年龄是影响信息偏好的一个重要因素。例如，年轻人更喜欢时尚、娱乐、科技等方面的内容，而老年人则更关注健康、退休、家庭等方面的信息。之所以会有这样的差异，是因为年轻人普遍注重个性化和时尚，老年人更加注重实用性和稳定性。

其次，性别也是影响信息偏好的一个重要因素。例如，男性更喜欢体育、科技、财经等方面的内容，而女性则更关注家庭、美容、健康等方面的信息。这是因为男性更加注重竞争和成就，女性更加注重情感和关系。

　　但是，随着新女性经济时代的来临，基于性别的偏好已经发生了巨大的变化。例如，女性在体育、科技、财经领域涉入得越来越深，男性对家庭、美容、健康等方面的关注也越来越多。

　　再次，不同职业的人对信息的需求和偏好不同。例如，医生更关注医疗健康方面的信息，金融从业者更关注财经方面的信息，这是因为职业决定了人们的专业领域和兴趣爱好。

　　最后，不同文化背景的人对信息的理解和接受程度不同。例如，西方文化更加注重个人主义和自由，东方文化更加注重集体主义和传统价值观，文化差异会影响人们对信息的理解和接受程度。

　　为了更方便大家理解，我梳理了一份更加全面的用户画像标签，希望能帮助到你。

人口统计学标签

——年龄：18岁以下、18～24岁、25～34岁、35～44岁、45～54岁、55岁及以上

——性别：男、女

——地理位置：国家、省份、城市、区域

——教育程度：高中及以下、本科、研究生及以上

——职业：管理、销售、客服、技术、其他

行为标签

——购买行为：频次、金额、品类偏好、购买渠道

——浏览行为：浏览时间、浏览频次、消费偏好、关注内容

——互动行为：评论、点赞、分享、关注、私信

——搜索行为：搜索关键词、搜索时段、搜索频次、搜索属性

兴趣标签

——娱乐：音乐、电影、游戏、综艺、演出、体育、阅读

——生活：美食、旅游、家居、宠物、时尚、健身、车辆

——工作：科技、金融、创业、营销、教育、医疗、法律

心理标签

——人格特质：外向、内向、开放、神经质

——消费心理：便宜、品质、时尚、独立、环保、极致、安全

设备标签

——设备类型：PC、手机、平板电脑、智能手环、智能手表

——操作系统：Windows、MacOS、Android、iOS、Linux

——浏览器：百度、必应、360

如果我们持续添加，也可以纳入更多的标签。不同的受众具有不同的信息偏好特点，了解受众的信息偏好特点，可以帮助我们更好地制定信息传播策略，强化信息传播的效果。

3.1

内容要素：在内容中注入情感元素与强互动性

强化内容的情感元素

在内容创作中注入一定的情感元素，可以使内容更具生命力和感染力，使读者产生情感共鸣，更加关注和认同内容。例如，我曾经为我们轻创营社群会员，也是一位新农人朋友@放羊哥种植的有机桃子写过一段产品推广文，如下。

小的时候，家在农村。

农村家家都有老房子。老房子建在半山腰，虽然我没怎么住过，却特别喜欢去。房前和屋后，各种着几棵老桃树。春天山花烂漫时，老桃树结出一树的粉红。粉红落下后，一颗颗毛茸茸的小桃子探出头来，就那样野生野长着，没有人管的样子，就像调皮捣蛋的毛孩子们。慢慢地，桃子蹿个儿了，膨胀了，沉甸甸地挂在树头。

我记得我的奶奶总要防着邻居的那几个毛孩子，因为睡个午觉起来，桃子就能少几个，路过的人挑着扁担经过，也总能摘个把走。

她不是小气，她是想把这些桃子留到成熟，等我们这些孙子孙女回来的时候，就有果子吃了。

奶奶年轻守寡，后来中风，行动不是很方便，靠着爷爷的抚恤金过日子，虽然子女们长大了，各有各的事情做，并不需要她太过操劳，但是，她那颗心里，就单纯地想着这几树的桃子呀，要快点长好，一个不少，等儿子女儿们来的时候，等孙子孙女们来的时候，就能吃了。

我对桃子的情怀就是这样建立起来的。那一树一树的桃子，野生野长着，阳光很慷慨地照射着，雨露很勤快地滋润着，它们长得虽不那么符合现代人的审美，却那么阳光和结实。那时候哪有什么农药的概念，就让它那样肆意生长着，结出一树的果子，成熟的时候吃到嘴里，一口桃汁"蹦"出来，带着它最原始的香味。

吃过带着最原始香味桃子的人，后来对所有的桃子都格外挑剔，往往一口咬下去，就知道这货是咋种的。长大后，虽然常常十指不沾阳春水，但农村长大的孩子，曾经品尝过最原始的食物风味，记忆最深处就是那一口口忘不掉的最原始味道。

后来奶奶离开了，老房子因为没人住，也塌了，那几棵桃树，没人管没人理，这么多年没回去，不知道咋样了。

再后来遇到放羊哥，他一箱一箱地给我寄户外放养的羊的肉，各种家产的杂粮小米，有机园种出来的西红柿，以及最近产的桃子。

我妈就经常跟我念叨，唉，还是你那个朋友家的西红柿好吃呀，杂粮小米好吃呀，羊肉好吃呀。她惦记的和我一样，哪里只是一些吃食？

放羊哥家的桃子，应该很快就没存货了。我跟他说，赶紧发个链接过来吧，我的学员、粉丝和朋友们，天天都在学习、在变现，偶尔也应该放松一下，去寻找记忆里那股最原始的味道。

所以，

我们吃的哪里是桃子？

明明是记忆里的味道。

是阳光的味道，是雨露的味道，是没有农药的味道，还是老家那儿的亲人无限惦念的味道。

它可能不怎么好看，因为没有养育过程中的各种农药添加，也没有后天的精修与加工，只保留了原始的样子，今年是土地有机转化的第三年，货量有限，没了就没了，我自己先订一箱为敬。

桃子的链接在这里，打开就可以订购了。

这里用这篇我写的产品推广文给大家打个样板，接下来我们看看一些常见的情感元素植入。

加故事情节：故事情节可以带来情感共鸣，让读者感同身受，对内容有深刻的印象。例如，上文中提到的关于奶奶守着桃树的故事。

加情感描写：情感描写可以使读者感受到内容中所描述的情感状态，如快乐、悲伤、紧张等。情感描写可以运用多种手法，如运用比喻、象征等来描述情感状态，让读者感同身受。

加个人经历：个人经历可以让读者感受到内容创作者的真实感受，增加内容的可信度和真实性。上文提到的就是我小时候的真实经历。只有真实的故事，才能让文字真正有生命力。

在内容中注入情感元素，可以让内容更加散发人情味和生命力，增强内容的感染力和互动性，让读者更容易被吸引。

强化内容的互动性

内容的互动性指的是在内容中引入与受众的互动和参与，使受众能够积极参与到内容中来，增加受众的参与度，提高内容的趣味性，从而强化传播效果。

互动性的实现方式有很多种，具体如下：

社交互动，指进行内容分享和评论，与受众进行交流互动。例如，我会在自己的文章或短视频的结尾这样表达：你是如何看待这个问题的呢？请在评论区留言吧。

投票互动，指在内容中设置投票环节，让受众参与投票。例如，关于××问题，你的观点是：同意、不同意、无所谓。

问答互动，指通过设置问答环节，引导受众参与讨论和解答问题。例如，在直播的过程中，可以与直播间的人开展互动问答，让大家在屏幕上回复数字或文字。

游戏互动，指将内容与游戏相结合，引导受众通过游戏方式参与内容的体验和交互。这种情况非常容易出现在一些广告上，例如，心理测评的广告就常常采用游戏互动的方式，让受众参与一些小游戏，回答一些简单的问题，然后将受众引流到某个产品上。

增加内容的互动性，不仅能够提高受众的参与度和内容的趣味性，

还可以促进内容的传播和分享，进一步扩大受众范围，提高内容的影响力

和品牌价值。

» **自我练习**

　　尝试着在你输出的内容中加入情感元素。

3.2

把握热点：植入热点信息，成为超强吸睛内容

如何获取热点信息

热点是指当前社会上受到广泛关注和讨论的事件、话题或现象。这些热点信息可能涉及各个领域，如政治、经济、文化、科技、娱乐等，它们的出现和发展不仅反映社会的变化和发展，也对人们的生活和思考产生着深远的影响。

当我们的内容与热点信息结合的时候，我们的内容会格外受用户的关注，社交媒体平台的数据算法或热点话题如果识别到这样的内容，也会给予更多的流量和曝光机会。

所以我们常常说：热点在哪里，流量就在哪里。

那么，我们应该通过哪些渠道或方法获取热点信息呢？以下是几种常用的方法。

社交媒体。社交媒体上有大量的用户在发布、转发和评论各种热点话题。我们可以在微博、微信公众号、抖音等社交媒体平台上关注热门话题，或者加入信息和资讯丰富快捷的优质社群等了解最新的热点信息。

搜索引擎。搜索引擎是获取热点信息最方便的途径之一，因为它能够帮助我们发现最近的新闻报道、文章、帖子等。例如，在百度等搜索引擎上输入相关的关键词，可以找到最新的热点内容。

专业媒体。专业媒体报道是获取热点信息的传统方式，各种新闻网站、报纸、杂志等都会对热点事件进行报道，而且更可靠、更权威。但是，报纸与杂志属于传统媒体，报道有一定的滞后性。

行业报告。行业报告是获取热点信息的另一种途径，虽然也有一定的滞后性，但是行业报告的分析和拆解基于大量的研究与数据，也会更加详尽。各种研究机构、市场研究公司等都会发布行业报告。例如，可在艾瑞、尼尔森等机构的网站上阅读或下载相关的行业报告，不过，大多数专业报告的查阅或下载需要付费。

影视剧作。这也是获取热点信息的一种途径。现在电影、电视剧等娱乐作品的影响力越来越大，很多热点话题会在这些娱乐作品中得到反映。

获取热点信息的方法很多，我们可以根据自己的需要和兴趣来选择适合自己的方法。当然，无论采用哪种方法，我们都需要进行有效的筛选和分析，以确保我们获取到的信息真实、准确、有用。

如何对热点信息进行筛选

随着社交媒体的普及，网民的发声量越来越大，所以热点事件也层出不穷，但并不是所有热点信息都适合纳入我们的内容中。那么，如何对热点信息进行筛选呢？

（1）了解自己的受众的兴趣爱好、关注点和需求，并与我们自身的定位契合。只有了解了受众的需求，契合了定位，才能更好地选择热点信息，打造有吸引力的内容。

（2）我们需要关注热点信息的影响力和持续时间。影响力越大、持续时间越长的热点，越容易引起受众的关注和讨论，也更适合纳入我们的内容中。

（3）关注热点信息的真实性和可信度。网络上有很多虚假的信息，选择了这些虚假的信息，不仅会影响我们的信誉，还会让受众对我们失去信任。专业媒体、专家大号发布的文章内容，往往是团队输出的，会有严密的调查机制，所以会更加真实和翔实。

举个例子，有一次微博上发酵的热点是"996工作制"。这个热点影响力很大，持续时间也比较长，而且契合许多职场人的关注点和需求，像这样的主题，我们就可以进行结合与加工，输出与我们的定位匹配的内容。

写这本书的时候，乌尔善导演的《封神第一部：朝歌风云》正在热映。各大社交媒体平台只要捆绑了这部热门电影的内容，就会有很高的流量。我在微博上写了若干个与封神主题相关的内容，有个帖子的阅读量超过了10万，点赞数超过了3000。

在追热点时稍有不慎，极易出现敏感或不当的内容，可能会给个人形象造成负面影响。因此，了解如何避免这种情况是至关重要的。接下来我们将谈谈如何适度追热点，避免出现敏感或不当的内容，从而保护个人形象。

第一，在追热点时，我们需要了解这个话题的起源、背景和发展历程，这可以帮助我们更好地理解话题，并避免发表不当言论。

第二，要客观和中立地表明自己的观点和立场，避免偏激和极端化的观点，不然很容易在网络上引发争论。

第三，遵循道德和法律规范，尊重他人的隐私和权利，避免发布不实的攻击他人或侵犯他人隐私的信息。

热点信息虽好，但因为过于吸引用户的关注，也容易带来问题，所以了解这些存在的风险是至关重要的，切勿盲目推出内容，给自己惹来许多麻烦。

»自我练习

找一个当下的热点，结合自己的业务专长创作一段内容文案，并将其发布到社交媒体平台上。

3.3

内容变现：将内容转化成实际的商业收益

什么样的内容才有市场价值

随着信息量过度侵扰心智，好的内容已经成为一种重要的传播资源，什么样的内容才有市场价值也成为一个备受关注的话题。关于这个问题，我给大家一些提示。

解决实际问题的内容：人们总是希望能够从自己阅读或观看的内容中获得一些有用的信息或解决问题的方法。例如，一篇关于如何提高英语口语的文章、一本介绍健康饮食的书、一份详细的旅游攻略等，都是能够解决读者实际问题的内容。

独特的内容：独特的内容往往能够吸引更多的读者或观众。例如，一部讲述不同文化之间的交流的电影、一篇关于AI对社会影响的深度分析文章等，都是具有一定独特性的好内容。

高质量的内容：高质量的内容不仅指制作质量高，还指内容本身质量高，如一篇写得非常好的小说、一张拍摄得非常精美的照片、一段制作得非常精良的视频等。

　　与时俱进的内容：随着时代的变迁，人们的关注点也在不断地变化。因此，能够紧跟时代潮流的内容往往具有更高的市场价值，如一篇深度分析当前AI热点话题的文章、一部讲述当下年轻人生活状态的电影等。

　　我经常要帮国内的一些知名商业媒体写商业评论专栏，我向AI提问：一篇有价值的商业文章有哪些特点？ AI回答：

　　深度分析：好的商业评论文章应该能够提供深度的分析和独到的观点，而不仅仅是简单的报道或概述。它应该能够探讨问题的各个方面，并提供对行业、市场或企业的见解。

　　具体案例：好的商业评论文章应该通过具体的案例来支持作者的观点，而不仅仅是抽象的理论。这些案例应该是真实可信的，并能够为读者提供实际的参考和启示。

　　全面客观：好的商业评论文章应该能够从多个角度来分析问题，避免过于主观或片面的观点。它应该能够平衡不同的观点，并给出理性的评价。

　　简明扼要：好的商业评论文章应该能够以简洁明了的语言表达作者的观点，并能够清晰地展示其逻辑和结构。它应该能够吸引读者的注意力，并在有限的篇幅内传达清晰的信息。

　　实用性：好的商业评论文章应该能够给读者提供有价值的信息和见解，帮助他们理解当前的商业环境，做出更好的商业决策。它应该能够解答读者关心的问题，或者提供实际的建议和方法。

　　你看，一篇商业评论文章到底称不称得上是一篇好内容，有这么多判断标准。虽然"什么样的内容才有市场价值"是一个复杂的问题，需要综合考虑多个因素，但内容只要能够满足读者或观众的需求和利益，就有可能成为热门作品。

内容的变现方式有哪些

做内容耗时又耗力，如果没有回报，是很难用爱持续发电的。很多创作者会创作大量的内容，但是，他们普遍面临如何有效地变现新媒体内容的问题，以下是一些常见的内容变现方式，给大家一些指导。

广告收入：通过在自己的社交媒体平台上展示品牌的广告，根据点击率、曝光量等指标获得收入。

内容付费：可以用收费的方式为用户提供一些独特的、高质量的、原创性的内容，例如，提供精美的图片、音频、视频下载等，用户只有付费，才能看到或下载。

会员制：通过设立付费会员制，为用户提供专业服务和内容，包括专属内容、活动、礼品等。我为一些国内大的商业网站写的 VIP 专栏内容，就需要成为付费会员才能看到全文。

电商衍生品：通过自己的知名度和影响力，推出一些衍生品，如 T恤、文化衫、台历等周边产品，并通过销售这些衍生品来获取收入。我会给我的高价值用户准备一些专门的文化周边产品，如笔记本、台历、笔或签名版图书。

线下活动：可以利用自己的影响力和粉丝数量举办线下活动，如举办签售会、公开演讲、发布会等，收取一定的费用。例如，我经常在广州、深圳和东莞举行线下的书友见面会及线下游学活动。

创意合作：通过与品牌或公司合作，采用制作广告、宣传片等多种形式推广，引入品牌赞助商，从而达到内容变现的目的。

平台分成：在一些内容分发平台上发布自己的内容并带上平台的商家广告，可以从平台的广告收入中获得一定比例的收益。我会在微信视频号上带上一些特定的商家的广告，尤其会带上书这个产品的宣传广告。

赞助支持：内容平台接受品牌商家的赞助，例如，小红书平台就有许多品牌赞助体验性的产品给博主。我通过小红书平台接过一些学习平台、软件方面的广告。

授权使用：指创作者将自己的作品授权给其他人使用，从而获得收益。例如，一些音乐家可以将自己的歌曲授权给电影或电视剧使用，从中获得版权费。这种方式通常适用于具有自己独特作品风格的创作者。

众筹：这是一种通过网络平台集合众人的力量来实现某个目标的方式。例如，一些创作者可以通过众筹来筹集资金，以完成某个项目或制作某个作品，这种方式通常适用于创意类项目。例如，我们就曾发起"共写一本书"的项目，这也是一种形式的众筹。

内容变现方式多种多样，可以根据自己的创作特色和市场需求，综合运用多种变现方式，提高收入和影响力。但是需要提醒大家的是，我们应该将保持良好的原创性和品质作为内容输出的首要目标，避免以变现方式为主导而牺牲内容的质量，否则会使自己的信誉受损。

》自我练习

你的内容变现方式有哪些？请列举出来。

3.4

打造内容：四个角度让我们做出好内容

对于内容创作者来说，如何从众多信息中脱颖而出，让自己的内容受到更多人的关注和喜爱，是一个非常重要的问题。在这里，我从以下四个角度出发帮助大家做出好的内容。

从"情"的角度出发，即情感、情怀、情绪。我们必须了解读者的需求和心理，这样才能创作出能够引起共鸣的内容。例如，一篇关于母亲的文章，可以通过讲述母亲的付出和爱心，让读者感受到母爱的伟大和无私。

从"趣"的角度出发，即趣味、新奇、有意思。通过生动有趣的语言和形式，吸引读者的眼球。例如，一篇关于旅游的文章，可以通过描绘美景和当地风土人情，让读者感受到旅游的乐趣和魅力。

从"用"的角度出发，即有用、实用。提供有用的信息和知识，满足读者的需求，解决读者的实际问题。例如，一篇关于养生的文章，可以介绍健康饮食和运动的知识，让读者了解如何保持健康状态达到养生的目的。

从"品"的角度出发，即品相、品质。通过精心的策划和制作，保证内容的质量和可信度。例如，一篇关于科技的文章，需要通过权威的数据和专业的分析，给予高品质的拆解，让读者了解科技的发展趋势。在 B 站

上，有一个叫"何同学"的数码科技类自媒体博主，做科技方面的内容，
就做得十分有品质。

无论我们是哪种类型的内容创作者，通过让受众产生情感上的共鸣、
增加内容的趣味性、分享有用的技巧和经验、注重品质和品位，都可以做
出好的内容，吸引更多的受众关注。一定要通过刻意练习让自己养成这样
的习惯，内容才能够越做越好。关于如何提升自己写作的能力，我们也有
专门的AI+全媒体营销文案训练营可以帮助到你。

»自我练习

请尝试着从本节的四个角度思考，并创作一篇内容。

第四章

流量力：构建我们超稳收入盘的流量池

　　什么是流量？在商业中，流量指的是一个网站、应用或商店的访问量。这个访问量可以来自各种渠道，如搜索引擎、社交媒体、广告、线下客流等。流量是商业成功的关键因素之一，因为它可以带来潜在的用户和销售机会。

　　流量可以分为两种类型：自然流量和付费流量。自然流量是指通过搜索引擎、社交媒体等自然渠道获得的访问量，这种流量通常需要一定的时间和努力来建立和维护。付费流量则是指通过广告等付费渠道获得的访问量，这种流量可以快速地带来大量的访问量，但需要投入一定的资金，而且用户的黏性也较自然流量弱。

　　从转化的角度来看，流量的质量非常重要，因为只有真正有价值的流量才能转化为销售机会。

　　流量的来源包括以下几种。

　　社交媒体流量：通过各种社交媒体平台（如微信公众号、微博、抖音、快手等）获取的粉丝或关注者，可以通过发布文章、视频、直播等内容来获得。

　　搜索引擎流量：通过搜索引擎（如百度、360等）获取的流量，可以通过优化网站的SEO，提高网站的排名，从而吸引潜在用户的访问。

直接访问流量：直接输入网址访问个人IP网站的流量，这种流量通常来自已经关注个体的粉丝或忠实用户。

推广流量：通过广告投放（如百度推广、微博广告等）等方式吸引潜在用户访问的流量。

口碑流量：指通过口碑营销和口碑传播等方式吸引潜在用户访问的流量，包括朋友圈分享、社群分享、用户之间的口口相传等。

其他流量：包括一些其他的流量来源，如上下游合作伙伴的推荐流量、线下活动吸引的流量等。

我们轻创营社群中有一位新农人朋友凌霖，她在微信视频号上精心设计了一个非常成功的起号短视频内容，点赞数超过了5000个，阅读量更是以几十万计。她利用自己的短视频流量，吸引了众多的用户、商业合作伙伴，也传递了中国农耕文化和新农人的生活方式。

流量是商业成功的关键因素之一，也是个体成功的关键因素之一。了解流量，可以帮助个体更好地了解自己的用户群体及其行为习惯，从而优化产品、服务、渠道，提高用户体验和投资回报率。同时，对于流量的质量和转化率的重视也是至关重要的，只有真正有价值的流量才能转化为销售机会。因此，在进行流量运营时，需要综合考虑多种因素，不断优化和调整策略，以实现商业目标和用户价值的最大化。

我出版的《流量变现：27个高转化的营销经典案例》一书中，就有许多个体的案例，他们和本书中的很多读者朋友一样都是普通个体，只是因为抓住了流量变现的底层逻辑，才实现了更好的收益回报。

4.1

建立公域：布局公域平台，让新流量源源不断

什么是公域平台

公域平台是指一个开放、共享的社交媒体平台，它提供了一个公共的、共享的信息生态系统，用户可以通过这个平台分享、交流和创作内容。我们常用的公域平台包括各种社交媒体平台（如抖音、微博）、电子商务平台（如淘宝、京东）等，这些平台都是为了促进信息共享和产品传播而存在的。

现在国内有很多公域平台，以下是一些使用率比较高的。

微信公众号：基于微信社交平台的一种信息传播方式，用户可以通过搜索、关注等方式获得微信公众号中发布的文章、图文、音频、视频等。

抖音：一款短视频App，用户可以在上面发布短视频，有有趣、搞笑、文艺、才艺等方面的内容。抖音有极其强大的大数据推送能力，可以快速识别用户的行为数据并优化下一个推送的内容与广告。

微博：用户可以在微博上发布文字、图片、视频等多种内容进行交流，同时可以通过广告投放的方式向用户群体进行推广。微博是一个非常

重要的种草平台。

快手：一款短视频App，类似抖音，但用户的画像更加下沉，也是下沉市场非常重要的社交媒体平台。

小红书：一款以时尚美妆、生活方式等为主题的社交平台。小红书的用户主要为年轻人，其中，女性用户占比最高，她们能够在这里分享自己的生活故事、心得体会、评测经验等内容，从而为其他用户提供灵感和建议，是国内内容种草的主要阵地。

知乎：一个基于问答的社区平台，用户可以在这里提出问题、回答问题及分享知识。知乎用户主要为年轻人和职场人士，他们在这里不仅能够提高个人知识水平、拓展人际关系，还能够了解各行各业的最新动态。

喜马拉雅FM：一款音频分享和收听平台，用户可以在这里听取各种类型的音频节目，包括有声小说、新闻资讯、商业财经、健康养生等。

B站：一款以ACG（动画、漫画、游戏）文化为主题的视频和直播分享平台。B站用户主要为青少年和年轻人，他们热爱二次元文化，也喜欢通过视频和互动学习新知识，交流感兴趣的话题。现在B站已成为许多年轻人学习的主要平台之一。

除了以上几个平台，还有很多其他的公域平台，每个平台的特点和受众群体都不同，在个体的推广与传播中，公域平台已经成为非常重要的营销渠道，我们可以通过建立自己的公域平台账号来提高自己品牌的曝光度和知名度，吸引更多的粉丝和用户。

布局公域平台可以帮助我们占领更大的市场份额，与目标用户建立联系，并将自己的品牌推向更广泛的受众。这也是为什么越来越多的个体非常注重他们在公域平台上的存在及声量。

如何布局公域平台

通过布局公域平台，个体可以实现品牌知名度提升、用户黏性增加、销售额增加等目标。想要成功地布局公域平台，并获取更多的流量、用户，以及更大的销量，需要注意以下几点。

研究平台规则和用户群体。对于想要布局的公域平台，需要先研究该平台的规则和用户群体，了解平台的特点和用户习惯，这样才能更好地制定布局策略，吸引粉丝关注。我布局的公域平台主要是微信视频号、小红书、知乎。我对这三个平台及其用户群体进行过分析，这三个平台用户的认知、层次、消费能力、付费习惯、业务闭环，均比较优质，也比较符合我的个人定位。但是，如果你要布局，不一定非要照抄我的思路，每个人的情况不一样，要根据实际情况来定。

产出优质内容。在公域平台上，内容是王道，只有提供高质量的内容，才能吸引粉丝和用户，提供稳健的用户体验。在这三个平台上，我产出的内容由热点+商业、纯商业知识、个人成长三个选题组成，以切中目标群体的需求。

聚焦运营和管理。聚焦一个或少数平台并进行专注的运营，相较于在多个平台上分散投入，效果更容易得到保证。同时，管理好平台操作路线、运营策略和细节，紧密跟进数据，有助于更高效地提高自身流量和粉丝数。我在这三个平台的布局上重压微信视频号，同时还会将微信视频号上的短视频发布到小红书及知乎这两个平台上，以重复使用。

多元化内容形式，吸引更多用户。除了传统的文字、图片、视频，我们也可以开发实物文创等周边产品，通过多元化的产品形式拓展用户群体。用户很容易对单一的内容产生疲倦感，所以我传递的内容不仅会给到专业价值，还会呈现作为一个个体的人格魅力与生活状态，因为人也不能天天学习，还要回归生活，如果你的内容形式太单一，那么用户很快就会产生审美疲劳。

布局公域平台需要注意打造高质量内容、熟悉平台规则、集中运营管理、多元化内容形式等方面。同时，也需要结合自己的特点和目标进行合理布局，并定期进行评估和调整。只有综合考虑这些因素，才能在公域平台上实现个人商业价值和用户价值的最大化。

但是，随着人口红利的逐渐消失、流量碎片化，我们要开始学习从各个平台上"偷"流量，而不能只盯着一个或两个平台做，在这样的一个背景下，运营的难度也变得越来越大，所以针对个体的事业，如果想要做大，还是应该考虑团队化的。

》自我练习

你布局过公域平台吗？为什么会布局这些平台？

4.2

建立私域：运营私域流量，让用户持续产生价值

私域流量的定义与特征

在流量红利逐渐消失的今天，流量已经成为商业体争夺的焦点，在这样的大背景下，私域流量成为大家的解题思路。

私域流量，可以简单地理解为自己拥有的用户，是可以通过自有渠道进行沟通和互动的流量。与公域流量相比，私域流量更具有精准性、稳定性和价值性。目前公认的最佳私域流量载体，就是微信生态。

私域流量具有以下"五高"特征。

高转化率：相较于公域流量，私域流量的转化率更高，因为这些流量的用户对个体或其产品已经有了一定的了解和信任，更容易产生购买行为。

高黏性：私域流量的用户对个体的信任度更高，他们更愿意在与品牌互动、参与活动等方面花费时间。

高复购率：与公域流量相比，私域流量的用户更容易产生复购行为。这是因为私域流量所关注的是长期价值，而不是短期利益。

高回报率：由于私域流量的转化率更高，用户黏性更强，复购率更

高，因此，对于个体而言，私域流量的投资回报率更高。

高度可控：相对于公域流量，私域流量更容易被我们控制和管理，因为这些流量大多来自已经建立了一定关系的用户。

私域流量的价值非常高，这一点毋庸置疑。在公域平台上获得流量，基本上要靠付费或极高的内容创作才华，构建大量的账号矩阵，进行赛马式竞争，这也是大家把解决流量红利消失的思路押注到私域流量上的根本原因。对于个体而言，建立和运营私域流量是非常重要的，这么做可以将用户留在自己的流量池中，并能有效提高营销效率和个人IP价值。

私域流量的运营技巧

私域流量的运营决定了整个私域流量的转化能力与发展。私域流量运营可以帮助个体建立稳定的用户关系、提高用户参与度、增强品牌认知度和提高销售转化率，对于个体的发展和商业成功具有重要意义。那我们应该如何进行私域流量运营呢？以下是一些具体的运营技巧。

建立个人IP形象：私域的本质是与用户之间的社交关系。但是，产品是没有办法跟用户产生社交关系的，只有人才可以。所以在构建私域的顶层设计上要有个人IP的设计。以人的形象出现，展示专业知识和经验，建立亲和度，树立权威性和可信度，和用户进行深度的沟通和交流。让用户喜欢你，相信你。

提供有价值的内容与服务：用户是因为我们提供有价值的内容或服务才进入私域中的，例如，我们轻创营社群会为用户提供专业的观点、文章、视频、音频等，或者提供专属的福利活动，吸引他们关注和参与。

利用社交媒体平台：个人可以充分利用各种社交媒体平台，如微信、微博、抖音等，与用户进行互动和交流，提高用户的参与度和忠诚度。我们不能只在私域平台上与用户互动，还要通过公域平台与用户进行充分的交流。

建立稳定的关系：需要通过各种方式与用户建立稳定的联系，例如，开展线上线下活动、提供优惠福利等，以提高用户的参与度和忠诚度。

利用数据分析工具：可以利用微信指数、百度指数等工具，也可以从各大社交媒体平台上了解热搜数据，创作优质内容，从而为用户提供更加个性化的服务和独特的价值。

不断更新和优化：不断更新和优化自己的私域流量运营策略，根据市场变化和用户反馈，调整自己的服务和内容，提高用户的满意度和忠诚度。

私域流量运营是一个循序渐进、不断优化的过程。需要将宣传策略和实际运作动态匹配，并注重数据分析，及时调整自己的运营策略和方向。成功的私域流量运营需要不断积累和总结，只有这样才能打造出自己的流量池和品牌影响力。

图4-1为我们升维私域增长研习社的私域增长生态运营全景，如果你需要更加详细的私域流量运营咨询与指导，也可以与我们取得联系，进一步沟通。

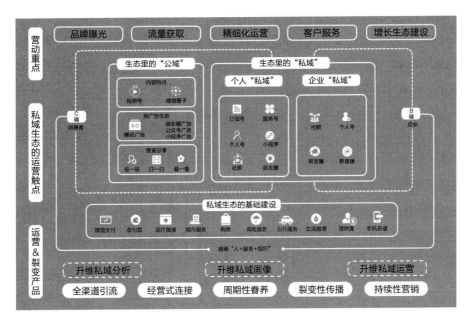

图4-1　私域增长生态运营全景

» 自我练习

你有布局自己的私域流量吗？你是如何运营自己的私域流量的？

4.3

活动引流：设计参与感，强化体验感，产生价值感

活动引流的作用

活动引流，一般会由线上、线下，或者线上＋线下一体化活动推进。我们经常看见的活动形式包括：

线上活动：线上讲座、在线培训、网络直播、虚拟展览等。

线下活动：展会、研讨会、路演活动、产品发布会等。

线上＋线下一体化活动：线上直播与线下展会结合、线上报名与线下实施结合等。

社交媒体活动：抽奖活动、话题讨论、在线投票、社群互动等。

慈善公益活动：义卖、志愿者活动、捐赠活动、公益分享等。

品牌营销活动：新品上市活动、促销活动、品牌概念宣传等。

专业会议：学术交流会、行业大会、论坛等。

商业演出：演唱会、话剧、音乐会等。

文化体育活动：展览、运动赛事、文艺演出等。

这些活动形式可以根据自己的实际情况和目标受众进行选择和组合，以达到活动引流的目的。进一步讲，活动引流的作用是什么呢？具体如下。

增加个人曝光： 可以吸引更多的关注，提高个人的曝光度，提高个人的知名度和影响力。

扩展人脉资源： 可以结识更多的人才、合作伙伴、行业专家等，扩展个人的人脉资源，为个人的事业发展提供支持和帮助。

建立个人品牌： 可以展示个人的专业能力、经验和价值观，塑造个人品牌形象，提升个人的认可度和信任度。

拓展事业机会： 可以提升个人的知名度和影响力，吸引更多的工作机会、项目合作等，为个人事业的发展创造机会和条件。

建立个人专家形象： 可以展示个人的专业知识和技能，让个人成为行业内的权威人士，提高个人在行业中的地位和影响力。

提高个人价值： 可以展示个人的价值观、能力和成果，提高个人的市场价值和竞争力，为个人的职业发展打下基础。

活动引流是一种非常有效的获取流量、提升个体品牌影响力和用户忠诚度的方法，我们可以通过巧妙地设计各种有趣的活动形式，吸引更多用户参与，让个体在市场中获得更大的优势。

如何设计引流活动

在设计引流活动时，需要注重创新与差异化，为用户提供参与感、体验感和价值感，以吸引用户的眼球并让其留下深刻的印象。怎么来理解参与感、体验感和价值感这三个概念呢？

参与感：拉近距离，与用户互动。例如，主办问答活动，与粉丝进行互动交流；组织线上线下的社群聚会，让用户有机会与个体进行面对面的交流。提供让用户参与的机会和平台，会使用户感到被重视，从而提升他们的参与度和忠诚度。我在做线下书友会活动时，就会邀请许多行业大咖和朋友来当活动的高能推荐官，也会为所有报名参加的书友做一张非常精美的个人头像海报，用户看到自己的头像出现在海报中，就会感觉自己深度地参与了这个活动，还会把海报转发出去，从而扩大活动影响力。

体验感：独特亮点，令用户流连忘返。例如，精心设计的场景、有趣的互动游戏、富有创意的礼物和奖品等。给用户创造独特而难忘的体验，使用户产生强烈的好奇心和兴趣。我们的DISC社群在每次的线下培训大课上都设计了许多峰值体验的环节，如赠送精美礼品和DISC课程多年积累的U盘资料包（U盘上带有用户专属的名字）、神秘的交换书环节、堆成小山的美食，惊喜环节真是一个接一个。

价值感：回馈用户，建立口碑影响力。除了参与感和体验感，价值感也是个体活动的重要方面。通过在活动中提供有价值的内容，如专业知识分享、实用技能培训等，我们可以为用户提供实实在在的价值。同时，积极回馈用户，如举办公益分享活动等，也能树立良好的个人形象，并在用户心中建立口碑影响力。例如，我曾受邀参加广州金融中心IFC艺术空间举办的"阅过山丘"文化读书公益分享活动和捐书启动仪式，这就是一个非常好的公益分享活动形式。

　　那我们应该如何策划一个引流活动呢？以下是具体的做法。

　　确定目标受众和主题。在设计活动之前，需要明确活动的目标受众和主题，这样可以让你更加清晰地了解一个活动应该要向哪些受众去传达什么样的主题。例如，针对音乐人的活动，我们需要了解他们的音乐风格、有无作品、消费习惯等信息，以便更好地制定活动策略。

　　制定详细的计划。确定了目标受众和主题后，需要制定详细的计划，包括活动的时间、地点、内容和形式等。例如，在周末或节假日举办活动，选择适合音乐人聚集的场所，如音乐咖啡厅或酒吧。活动内容可以包括音乐演出、游戏互动和美食品尝等。

　　提供有价值的内容。为了让参与者有更好的体验感，需要提供有价值的内容来吸引并留住用户。例如，邀请知名音乐人或乐队来表演，让参与者感受到不同的活动文化，获得不同的体验。

　　加强互动和参与。为了让参与者更投入活动，可以加强互动和参与。例如，设置抽奖环节，让参与者有机会赢取奖品；组织问答环节，让参与者了解更多关于音乐、文化等方面的知识。

　　营造良好的氛围。为了让参与者感受到活动的氛围和气氛，可以营造良好的环境。例如，在现场播放适合活动的背景音乐或使用灯光效果增强氛围感。此外，还可以在现场摆放装饰物，如气球、花环等，让参与者感受到主题活动的氛围。

　　在设计活动时，需考虑用户需求和产品特点，并设置各种有趣的活动环节，以提升用户体验，形成品牌口碑。另外特别要提醒的是，活动设计好之后一定要站在用户的角度反复测试，去体会用户在参与过程当中的感受，提前对所有的问题进行调整和优化。

》自我练习

　　请结合本节的内容，尝试着策划一个引流活动。

4.4

私域社群：社群是构建私域流量池的关键环节

私域社群的定位

社群是私域流量运营工作中最关键的环节之一，因为社群在真正意义上构建了一个池子的概念，把用户聚合在里面，可以让我们更好地去创建IP、传递信息、交流互动、促进转化。给私域社群做好定位，是提升个体品牌影响力、增加用户黏性及提高用户忠诚度的前提。在进行社群定位时，需要考虑以下几点。

确定核心价值：明确社群能为用户提供的核心价值，为社群文化和定位的建立提供方向和依据。例如，健身社群可以分享健康饮食和锻炼方案，摄影社群可以分享拍摄技巧和进行作品展示，我们轻创营社群则聚焦于个体创业方面的能力、心力和资源力的提升。

分析用户需求：绘制目标用户画像，了解目标用户的需求和消费习惯，以便为他们提供有价值的内容和服务。例如，我们轻创营社群的用户主要为小微创业者、IP人、专业人、咨询师、培训师、新媒体人、营销运营人和优秀上进的职场人等，因为这些用户具有较强的个人发展探索需求。

定义社群文化：明确社群文化，并将其落实到社群运营的具体实践中。社群文化需要具有吸引力和特色，还需要满足用户的需求和期望。例如，我们轻创营社群的文化强调左手修心、右手商业的理念。我认为，一个不会修心的人很难做好商业，而一个只痴迷于商业的人不会修心，无法平衡自己的工作和生活，那么他在商业上的表现也不会好到哪里去。

建设社群运营策略：制定一套完整的社群运营策略，包括活动规划、内容创作、社群管理、用户关系维护等方面，以提高用户满意度、黏性和忠诚度。例如，旅行社群可以组织线下旅游活动，分享旅游经验和攻略；读书社群可以定期举办读书会和分享会，促进成员之间的交流和互动。我们轻创营社群每个月都会邀请在创业方面有成果、有经验的大咖来和会员进行分享，促进彼此之间的信息流通及深度交流，让优秀的会员能被更多人看到。

将用户需求作为核心，明确品牌文化和目标用户，以建立稳定、有特色且具有吸引力的社群文化，这样可以更好地吸引和留住目标用户，并合理落地社群运营策略，提升个体品牌的商业价值和影响力。

私域社群的用户画像

只有清楚地了解目标用户，才能有针对性地进行私域社群的运营和管理，从而提升用户忠诚度和黏性。以下是为私域社群绘制用户画像的做法。

1. 人群定位

在群体特征、生活场景和消费需求等方面，深入分析和辨别不同用户的差异，以确定我们需要的用户群体。可以基于个人爱好、品位偏好、社会群体、专业技能、地域文化等维度，为后续社群建设和管理打下基础。

2. 用户画像

基于人群定位，可以进行用户画像的绘制，即深入并细化不同用户群体的信息、属性和需求等，以便更好地保留和扩大用户群体。用户画像将用户划分为具体的人物形象，对不同用户进行刻画和概括，包括性别、年龄、城市等基础信息和消费偏好、需求等方面的精细描述。

以下以我的一位咨询用户——小红书的美食博主为例，来说明私域社群绘制用户画像的做法。

人群定位： 这位小红书美食博主主要面向年轻的女性用户，这些女性用户喜欢尝试新鲜的美食，关注生活品质，不满足于简单的饮食体验，也具有一定的消费能力和时尚意识。针对这样的目标用户，可以建立以美食分享、交流为主的社群，例如：

（1）美食分享群，分享美食制作过程、个人感受、推荐餐厅、美食带货等内容。

（2）健康饮食群，分享健康饮食理念、热量控制、新鲜有机食材、健康食谱、健康食品带货等内容。

用户画像： 基于人群定位，可以绘制美食博主的用户画像，例如：

（1）性别：95%女性，5%男性（数据会有浮动）。

（2）年龄：20～35岁。

（3）空间感受：喜欢美食、旅行、时尚。

（4）行为习惯：爱好美食冒险、时常探寻新餐厅、分享美食图片和视频、热爱旅游和文化探索。

（5）爱好倾向：倾向于有质量、有品质、健康、有创意、独特的食品体验。

（6）消费习惯：重视健康生活和品质生活，有一定的消费能力。

通过绘制这位美食博主的用户画像，我们可以更好地了解她的目标用户的兴趣和需求，精细地分析其社群定位和运营，制定出适合其用户需求的内容策略和推广方案，增强她与用户之间的互动。

对于个体来说，要想打造成功的私域社群，必须深入了解目标用户的需求和行为，进行准确的用户定位，绘制精准的用户画像，为用户提供有价值的内容和服务。

私域社群的运营策略

绘制私域社群的用户画像只是开始，如何有效地运营这个社群才是关键。接下来我们将从私域社群运营策略角度出发，探讨如何打造私域社群。

1. 社群建设阶段

制定社群运营目标：建立私域社群的目的不同，社群运营的目标也会有所不同。有的个体希望通过私域社群提高知名度和品牌影响力，有的个体则希望通过私域社群实现粉丝变现。因此，在私域社群建设阶段，需要制定明确的运营目标，以便后续的运营工作能够有针对性地展开。例如，我们轻创营社群制定的运营目标，就是帮助创业者提升他们的创业能力。

设计社群规则和运营机制：在社群建设阶段，需要制定社群规则和运营机制。社群规则需要明确社群的行为准则，如禁止发布垃圾信息、禁止恶意攻击等。运营机制需要明确社群管理员的职责、社群成员的权利和义务等，以便后续的社群运营工作能够有序开展。

2. 社群运营阶段

提供有价值的内容：在私域社群的运营中，内容是最重要的。个体需要根据社群定位和用户定位制定相应的内容策略，并提供有价值的内容，吸引用户参与互动。例如，我们的轻创营社群很重视月度的内容规划。除了既定的内容规划，还会结合大家实际需求与热点给予额外分享。

加强社群互动和沟通：在社群运营阶段，需要加强社群互动和沟通。社群管理员可以定期发布互动帖子，引导社群成员进行互动和交流。例如，我们轻创营社群每周四会举行一个"向刘芳提问"的活动，鼓励社群的朋友向我提问，及时解决他们当下存在的问题。

个性化服务和定制化产品：社群创始人可以针对某些有特定需求的用户，推出个性化服务或定制化产品，提供更贴心、更专业的解决方案。我们的轻创营社群就为有需求的用户提供了年度的私域商业操盘手私教弟子班，帮助他们深度掌握私域商业变现的逻辑、方法和实战技巧。

持续优化社群运营：社群运营需要持续优化，不断适应用户需求和市场变化。社群创始人需要定期分析社群数据，了解用户行为和反馈，及时调整运营策略和内容，提高社群运营的效果和效率。

通过制定明确的运营目标、设计有效的社群规则和运营机制、提供有价值的内容、加强社群互动和沟通，并提供个性化的服务和定制化的产品、持续优化社群运营，可以提高私域社群的用户参与度，增强用户的黏性，进而实现个体的价值最大化。私域社群的运营是一项需要持续努力和改进的工作，要不断适应用户需求和市场变化，快速让社群升级。

　　大家千万不要觉得社群运营是一件简单的事情，这是一项体系化的工作，我有一套名为《社群运营》的电子书，如果你需要，请关注微信公众号"刘芳在想"，回复"个体变现"即可领取。

》自我练习

　　请尝试着绘制你的社群用户画像，制定具体的运营策略。

4.5

经营朋友圈：打造人设，请深耕朋友圈这个展现场

为什么要重视朋友圈的运营

朋友圈已经成为我们生活中不可或缺的一部分。但是，很多人却只把朋友圈当作发牢骚、晒照片的地方，忽略了它在私域运营中的重要性。那么，为什么要重视朋友圈的运营呢？

首先，朋友圈是私域运营的重要场所之一。在私域中，朋友圈是与粉丝最亲密的交流方式之一，可以加深与粉丝的联系，增强粉丝的黏性。通过在朋友圈中定期分享自己的生活、工作和思考，打造自己的人设和品牌形象，可以吸引更多粉丝关注和参与。

其次，朋友圈是进行品牌推广和营销的有效途径。通过巧妙的朋友圈运营，可以有效地推广自己的品牌和产品，吸引潜在用户。例如，许多人会在朋友圈中分享自己使用的产品或服务，借助自身在朋友圈的影响力吸引更多人关注和购买。

最后，朋友圈还可以用来进行市场调研和数据收集。通过观察自己朋友圈的互动和反馈，可以了解粉丝的需求和偏好，进一步优化私域社群的

运营策略和产品开发流程。我们轻创营社群在开发新的产品前，都会通过朋友圈进行调研和盲测。

所以，朋友圈的运营在私域运营中具有非常重要的地位。每个人都应该重视自己的朋友圈运营，把朋友圈当成非常重要的营销推广渠道，来打造自己的人设和品牌形象，并友好地传递对用户有价值的信息。我们也有专门的朋友圈营销训练营相关课程，来帮助我们的学员掌握让更多用户看到、了解、喜欢、靠近的能力。

如何创作优质的朋友圈内容

朋友圈既是个人展示自我的平台，也是个人与朋友交流互动的平台。但是，每天在朋友圈里刷动态的人那么多，要如何让自己在朋友圈中脱颖而出，成为最亮眼的一个呢？这就需要创作优质的内容来吸引用户了。

有以下几个具体的方法。

1. 明确自己的主题和风格

主题是指我们想要在朋友圈中表达的核心内容，风格是我们的写作特点和表现方式。例如，我们可以选择分享旅游、美食、时尚、健康、商业等方面的主题内容，采用具有特定风格的语言和表达方式来形成这个内容，同时也要判断内容是否符合自己的形象。我经常会分享以商业为主的内容，如图4-2所示。

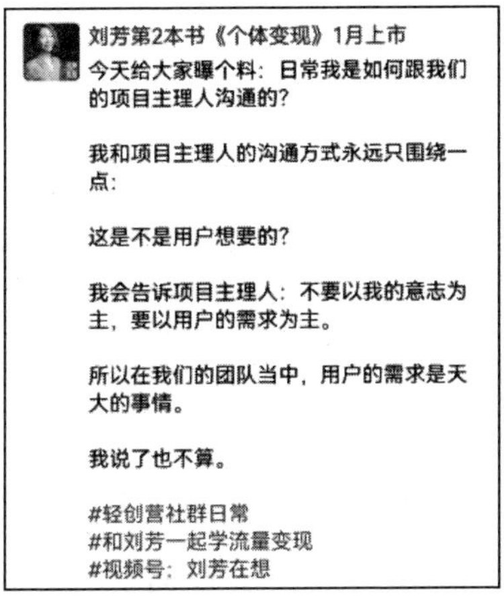

图4-2　朋友圈分享1

这样的内容和我的定位以及我的用户群体的需求是高度一致的。

2. 挑选适合的素材和话题

可以从自己的生活中或其他渠道收集一些有趣的素材，如图片、视频、音频等，并结合自己的主题进行创作。此外，还可以关注一些热门话题或时事新闻，从不同角度进行分析和表达。图4-3展示了我关于线下分享活动的一条朋友圈动态。这条动态就是我结合AI这个热点开展线下分享活动的朋友圈营销推广内容。

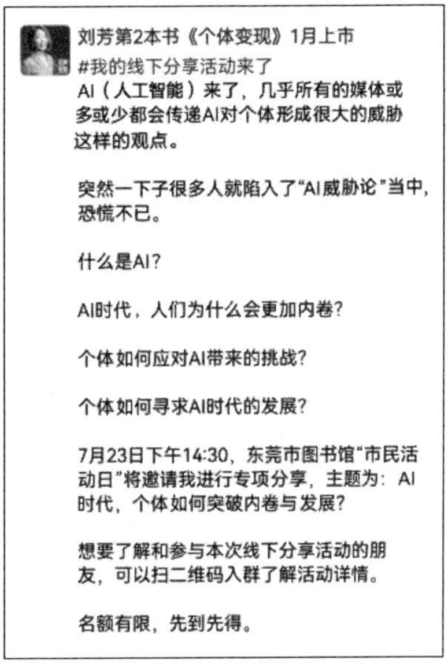

3. 注重标题和配图的吸引力

在朋友圈中，标题和配图的吸引力

图4-3　朋友圈分享2

非常重要，它们是让用户注意到我们的内容的第一步。标题要简洁明了，能够准确地传达我们的主题和内容，可以在主题前面加"#"，这样微信会将字的颜色变成蓝色以凸显文字；配图也要与内容相关，同时还要美观、有吸引力，能够引起用户的兴趣和好奇心。

4. 注意文案的质量和排版

在创作朋友圈内容时，文案的质量和排版也非常重要，要注意语法和标点的正确使用，避免出现错别字和语病；排版上要注意文字与图片的搭配，同时还要保持整洁美观。例如，我前面举的例子，段落之间都空了一行，以确保所有的内容不会密密麻麻地挤在一起。在手机这样小的屏幕上，行距太小，会让用户有很强的密集恐惧感。

5. 添加个性化的互动元素

在创作朋友圈内容时，可以添加一些个性化的互动元素，如提问、投票、表情包等，这样可以增加与用户之间的互动，增强用户的黏性，也能够更好地吸引用户的关注。例如，我准备到深圳书城龙华城做一次线下的书友会活动，我会将龙华城非常精美的照片发到朋友圈中，然后配字："这么美好的书店，大家喜欢吗？"一些热心的书友就会在朋友圈下面留言告诉我喜欢或不喜欢，这样就可以加强我们之间的互动与交流。

在朋友圈分享生活趣事、专业内容甚至是营销推广内容时，要注意保持真实、有趣、不炫耀的原则，这样才能让用户更愿意关注我们的朋友圈，并与我们建立更加紧密的联系。创作优质的朋友圈内容需要考虑多方面因素，包括内容的吸引力、个性化、情感共鸣、传递的信息价值等。在创作时，可以多角度思考，注重细节的把握，让内容更加生动、有趣、有价值。

» 自我练习

请根据本节的要点输出你的朋友圈内容。

第五章

产品力：为用户提供有效
的解决方案

　　超级个体的产品力也可以理解为个体在特定领域所创造的价值和竞争力，是展示自身核心竞争力和差异化的重要标志。在这里，产品不仅指实物的产品，也包括个体所提供的服务、内容等。

　　产品力的重要性主要表现为以下几点。

　　核心竞争力的展示：好的产品力是自身核心竞争力和差异化的重要标志。一个超级个体的核心竞争力通常表现在其所提供的产品、服务、内容、体验等综合方面，如优良体验、专业知识、创新思维、品牌形象等。

　　提升品牌口碑和信誉度：优质的产品力可以为个体赢得更多的口碑和忠实粉丝。如果个体的产品无法满足用户需求或者无法给用户带来优异的体验和超高的价值，那么这个产品就难以获得用户的认可和信任。

　　增强品牌忠诚度：产品力还能够增强用户对品牌的忠诚度。如果产品具有超越同行的竞争力，并且能够给用户带来优异的体验和超高的价值，用户就会更愿意选择这个品牌的产品，从而变成我们的忠实粉丝。

　　一个具有强大产品力的个体可以在激烈的市场竞争中脱颖而出，赢得用户的青睐和信任，从而实现持续的发展。相反，如果产品力不足，个体就很难吸引用户的关注和赢得用户的忠诚，最终可能导致市场份额下降和业绩下滑。

5.1

找到用户：厘清我们为什么样的用户提供解决方案

如何定义产品的目标用户

超级个体往往拥有高度影响力和独特的品质，他们的产品也极具个性，相应地，用户群体也会有很大的差异。以下是产品目标用户的定义方法。

根据个人IP定位：个人IP定位是指超级个体所代表的理念或风格，有特定的受众和目标用户群。因此在定义目标用户时，可以先考虑个人IP在定位上的特点，再据此判断主要的目标用户群。我的一位好朋友李纲领，是智通人才集团的总裁，同时也是一位在人力资源管理领域，用数字化赋能人力资源管理的资深行业专家。根据他的个人IP定位，他的目标用户以企业的HR为主。我们轻创营还有一位朋友叶超莹老师，他的定位是MTR定制（微定制）模式推行者，用他自己的话说：要一辈子为你做衣服，而他的用户，就是一群对服装有一定要求的人。

根据产品和服务的特点：为了满足目标用户的需求，在定义时需根据所推出的产品和服务的特点，如产品类型、品质、设计等，来定义主要目标用户。我有一位咨询用户是做高端形象打造＋文化沙龙的，从这点来看，她想推出的知识付费类产品的目标用户，很大程度上是有一定消费能力、认知能力、对形象有高要求和有具体应用场景的人。我们轻创营有一位社群朋友开心，她的业务是提供特别调配的芳疗产品，所以她对标的用户群体非常明确，以 B 端渠道用户（美容院等）、芳疗师为主。

根据对用户数据的分析：可以通过社交媒体和其他渠道获得用户数据，包括年龄、性别、地域、偏好等方面。通过对这些数据的分析，可以进一步了解目标用户的需求和行为习惯，从而更好地定义目标用户。我的咨询用户中有一位小红书的美食博主，她就会通过小红书的平台获得用户数据。分析这些数据，可以进一步了解用户的需求和行为习惯，从而更好地定义目标用户。她发现她的目标用户非常喜欢观看中国传统美食制作过程，所以她会找到中国传统美食的制作工艺，然后针对这些用户推出更符合他们兴趣的短视频内容。

根据所处行业的特点：个体所在的行业和领域也会影响目标用户的定义，不同的行业可能有不同的需求和服务模式。例如，零售领域和知识付费领域有很大的区别。零售领域的用户面会更宽，其大部分的业态以泛群体（大人、小孩、男性、女性等）为主，而知识付费领域的用户会更加垂直，如儿童英语教育、职场人 AI+ 营销文案技能教育等，都是非常垂直细分的赛道。我们轻创营社群当中就有很多细分赛道的头部从业者，如"北大财富女神"王朝薇深耕于财富知识服务的细分赛道，头部名师石超专注于知识萃取这个细分赛道，同样是头部名师的张海华，主打消防安全的细分赛道，《高能文案》的作者韩老白关注文案写作的细分赛道。

个体所推出的产品的目标用户应该是在对个人 IP 定位、产品和服务特点、用户数据的分析、所处行业特点等方面的考虑下逐步深化和定义的。要成功地推出产品，我们必须深入了解目标用户的需求和兴趣爱好，并根据这些信息设计出更好的产品和服务，以更好地满足目标用户的需求。

如何了解目标用户的需求和痛点

了解目标用户的需求和痛点，是个体打造有竞争力的产品和服务的关键，因为只有了解他们的需求和痛点，才能设计出更好的产品或服务，满足他们的期望并解决他们的问题。以下是了解目标用户需求和痛点的几种途径。

调查研究： 通过问卷调查、小组讨论、深入采访等方式，收集用户的意见和反馈，了解他们的需求、习惯和痛点。例如，我会经常让我们的轻创营社群成员填写一些问卷，根据这些问卷的调查结果去分析判断他们的诉求。

社交媒体： 通过社交媒体平台，我们可以了解用户的关注点，收集他们的意见和反馈。很多社交媒体平台有可视化的大数据看板；或者可以查看用户在自己朋友圈中点赞、评论、转发的内容和留言，这可以在一定程度上帮助我们了解用户在关注什么。

竞品分析： 通过分析与自己类似的产品在市场上的表现及用户对它们的反应，可以了解用户的需求和痛点，以及自己的产品如何进行优化。我会经常试用友商的产品，站在一个普通用户的角度去体会使用不同产品的感受，了解他们的产品优势，从而挖掘我们产品的可改进点和差异化。

与用户沟通：与用户进行直接的交流和沟通。例如，与一些关注的用户私下联系，了解他们的需求和痛点，帮助他们解决问题。我认为这个方法特别好用，控制好跟用户沟通和交流的节奏及氛围，比较容易获得用户真实的需求。

如果我们不了解目标用户的需求和痛点，我们就可能会遇到产品无法满足用户需求、用户体验差或市场反应不佳等问题。只有了解用户，提供更好的产品和服务，提高用户的满意度和忠诚度，才能提升个体的竞争力。

> **》自我练习**
>
> 　你的目标用户是哪些人？他们有哪些具体的需求和痛点？

5.2

打造爆款：做出让用户尖叫并买单的好产品

什么是爆款产品

爆款产品，简单来说，就是备受消费者追捧、人气爆棚、性价比高的产品。

本书中的爆款产品通常是指某个具有独特个性、影响力和号召力的个人所推出的契合当下主流风向的产品，这些产品在市场上迅速走红并引发广泛关注。由于个人的魅力和号召力，这些爆款产品往往能够快速占领市场，成为行业的佼佼者。

这些爆款产品通常具有以下几个特性。

强大的市场需求：通常是结合市场的需求和趋势而开发的，符合用户的实际需求。

卓越的用户体验：有出色的用户界面和交互设计，易用性和用户体验表现卓越，用户可以很快地上手使用。

具有创新的设计：独特的设计和创新，可以吸引用户的注意力，满足用户的需求。

　　良好的口碑推广：通常有良好的口碑和用户评价，用户可以通过社交媒体等渠道对产品进行广泛的分享和口碑传播。

　　相对可持续的收益：具有稳健的商业模式和相对可持续的盈利模式，可以持续为个体带来丰厚的收益。

　　例如，在AI兴起之初，凡是与AI概念沾边的教育类产品，都有成为爆款产品的潜质，也就是在红利期做出了红利产品。本书的诞生，也基于AI时代的来临，是一本在AI时代为个体指引发展方向的图书。我们也推出过AI+全媒体营销文案训练营，该训练营一经推出便受到了很多用户的欢迎。

如何打造爆款产品

　　若想打造爆款产品，需注意三个要点：流量、从众心理和产品质量。抓住这三个要点，产品将迅速引起销售连锁反应，实现销售速度的几何级增长，从而成为爆款。

　　流量是指将大量潜在用户引流到产品页面或线下店铺的能力。在数字化时代，流量来源多种多样，如社交媒体、搜索引擎、广告渠道等。要打造爆款产品，就要选择适合的流量来源，并需要通过精准的引流策略，吸引更多的目标群体，增加产品曝光度。例如，我会通过社交媒体、书籍引流、口碑推荐、社群裂变等方式，引导流量到我们的产品页面。由于流量的高质量和高精准度，我们产品的点击率和流量的转化率可能都会非常高。

　　从众心理在市场营销中扮演着重要角色。人们常常倾向于跟随大众选择，因为他们相信大多数人的选择是明智的。我们可以利用从众心理，通过呈现产品的受欢迎程度、热门购买数量等方式来吸引用户的注意，并促使他们做出购买行为。例如，我们在发售《流量变现：27个高转化的营销经典案例》一书时，会不断地将"已获京东第一、已获当当第一"等信息同步给所有的私域和公域用户，而用户看到这本书这么受欢迎，出于好奇，便想要更加深入地了解它。

产品品质是确保产品能够长期发展和获得用户认可的基石。无论多么有效的流量引导策略或多么有效地利用从众心理，如果产品品质不佳，用户很快就会流失而不会反复购买。因此，打造爆款产品必须具备出色的品质或交付，具体体现在设计、制造、材料、功能和用户体验等方面。优质产品能够提高用户的满意度，进而促使品牌忠诚度提高和销售持续增长。

接下来再给大家谈谈如何打造爆款产品。

1. 了解用户的需求和痛点

这是非常重要的一步。关于这一点，上文已详述过，此处不再赘述。

2. 创新产品设计

在产品设计时，应以用户需求为导向来设计产品功能和特色。同时，为了增加个性化元素，可加入创新设计，如我们会在线上或线下课程的设计中，加入游戏化设计、翻转课堂、剧本杀等，让用户在轻松、快乐的环境中学习。

3. 注重用户体验

在产品设计完成后，需要反复测试和完善，优化用户体验，这些都是打造爆款产品不可或缺的部分。在测试过程中，需反复检查产品的易用性和交互性，确保满足用户需求。例如，我们开发完一个课程之后，会对这个课程的用户体验进行反复测试及优化迭代，只有用户的体验感好了，用户才能持续学习，并将其传播出去使口碑发酵。

4. 多渠道营销

在产品研发完成后，需采用多种方式进行推广和分享。可以利用社交媒体宣传、网站推广、SEO和SEM优化等多种渠道与方式进行营销。我们应该精心制定营销策略，选择合适的渠道来传播和宣传产品。

5. 加强品牌推广

最后可以通过加强品牌推广提高爆款产品的知名度和影响力。例如，在印刷品、广告、活动等方面加强品牌露出与推广，树立强劲的品牌形象，进而对产品销售和品牌发展产生积极影响。我在做线下个体品牌活动的时候，会去检查所有的线上宣传物料和线下宣传物料中有没有品牌的露出与强化。这些工作虽然很细碎烦琐，但非常重要。只有持续露出和强化，才能不断占领用户心智。

打造爆款产品的确不易，我们需要不断优化改进并及时适应市场和用户变化，如此才能取得长期成功。

»自我练习

你有爆款产品吗？请结合本节来思考如何打造一款爆款产品。

5.3

制定价格：最大限度满足消费需求且保障盈利

制定价格要考虑的因素

制定产品价格的环节通常在产品设计和研发阶段就开始了。产品价格非常重要，因为价格是用户购买产品时最关心的因素之一。

但是，制定产品价格又是一件特别复杂的事情，价格过高，可能会导致产品销售不畅；价格过低，可能会影响产品的利润率。此外，价格也是市场竞争中的重要因素之一，产品价格过高或过低都会影响我们的市场地位和竞争力。因此，在制定产品价格时需要综合考虑多种因素，并根据市场需求和竞争情况进行调整，以确保产品能够获得良好的销售业绩和利润。

确定产品价格，需要考虑以下几个因素。

市场需求：了解市场对相应产品的需求和消费意愿，可以通过市场研究和竞争分析等方法来获取。

成本：计算产品的成本和费用，并结合所有其他费用，如研发费用、市场营销费用、员工工资等。

价值：评估产品对于用户的价值定位及其中的差异，考虑产品的优点以及功能、品质、服务、品牌等方面的差异。

个体应该根据市场、成本、价值等从多个角度来考虑定价问题，并不断进行价格检查和调整，以确保在利润最大化的同时，也能满足用户的需求和期望。

竞争对手价格分析

对竞争对手的产品价格进行深入分析，以便更好地制定自己的产品价格策略。这是一种常用的手法，能帮助我们在市场上获得更好的竞争优势。

以下是几个分析竞争对手价格的方法。

直接分析：对竞争对手的产品进行全方位分析，包括他们的产品价格、产品性能、品牌声誉、市场份额、销售策略等信息。分析竞争对手的产品定价，可以更好地理解他们的市场战略、影响和优势，从而引导我们思考自己的产品定位和定价。例如，一个家庭教育指导师要推出家庭教育方面的咨询产品，就可以直接去参考对标竞争对手同类产品的价格。

用户反馈：向用户收集他们对竞争对手的产品价格的看法，了解他们的消费意愿及其对产品价格的反应。通过这些反馈，我们可以了解用户在比较竞争对手产品价格时具有的消费心理，而这对于我们制定自己的产品定价策略至关重要。例如，我们可以直接去找我们的用户，问问他们有没有消费过其他同类的产品，感受、体验、价格等如何。

全行业内的价格情况：通过了解行业内相关产品的行情，可以更好地了解市场趋势和市场价格定位，从而制定更具竞争力的产品定价策略。我们可以找到相关的领域组织或行业协会，了解它们有没有做过相关的调研报告。

　　分析竞争对手的产品价格是一个重要且必要的过程，需要综合考虑市场行情、用户需求和竞争对手在市场价格中的位置。在制定最终定价策略时，我们需要考虑自身产品的定位目标和价值陈述，以及市场上用户对价格的意愿，综合分析之后，最终确定自己的产品价格。

确定产品成本

　　确定产品成本是一个至关重要的步骤。只有准确把握产品成本，才能制定合理的定价策略，同时能更好地控制生产成本，保证盈利。

　　那么，如何确定产品成本呢？以下是一些具体的分析和说明。

　　计算直接成本：直接成本是指直接与产品相关的成本，如原材料成本、人工成本、包装成本等。例如，对于手工艺品制造者来说，直接成本通常是最容易计算的。他们只需要记录下采购原材料的费用、工人的薪资和其他直接与产品生产相关的费用，就能够计算出直接成本。

　　计算间接成本：间接成本是指不直接与产品相关的成本，如房租、水电费、办公用品等。这些成本难以精确地分摊到每个产品上，但它们确实会影响产品成本的计算。因此，需要了解自己的间接成本，然后将其分摊到产品上。例如，如果我们每个月支付的房租和水电费总共是2000元，制作了100个产品，那么每个产品就需要分摊20元的房租和水电费。虽然这种算法并不那么精确，但其逻辑大家可以参考。

　　分析利润率：在确定产品成本的同时，还需要考虑利润率。利润率是指产品售价与成本之间的差额，如果利润率过低，就无法保证盈利；如果利润率过高，就可能影响销售量和市场竞争力。例如，假设某手工艺品制造者制作了一个雕刻木头艺术品的系列产品，每个产品的直接成本是50元，间接成本是20元。他希望每个产品的利润率在50%左右。那么，他需要将所有成本相加，再乘以1.5来确定产品售价。假设他想要在市场上占据一定的市场份额，那么他可能需要根据竞争对手产品的价格情况来适当调整自己产品的价格和利润率。

制定价格的策略

　　不同的定价策略会对个体的销售额、市场份额、利润率，甚至品牌印象等方面产生不同的影响。一个好的定价策略不仅能够满足用户需求，还能保证自己的盈利。以下是一些常见的定价策略。

　　百灵鸟定价法：产品或服务在刚刚推出时，价格较低，随着时间的推移，价格逐渐上涨。目的是吸引早期用户，同时也可以逐步提高产品或服务的价值，增加利润。例如，我们的AI+全媒体营销文案训练营，起初价格是599元，后来一直涨价到1599元，越早买越划算，越晚买价格越高。

　　金丝雀定价法：在高端市场中，价格越高的产品或服务，越能够吸引高端的用户。高定价的目的是营造高端品牌形象，吸引高端用户，同时也可以提高品牌的知名度和忠诚度。例如，我们为企业一年的私域商业操盘服务报价在150万元以上，根据不同的业态规模和操盘难度，还会有不同的报价。

麻雀定价法：在大规模销售的情况下，价格越低，销售量越大。这种定价法的目的是吸引更多的用户，增加销售量，同时也可以通过大规模生产来降低成本，提高利润。我们在推个体轻创体验营或副业体验营的时候，就会采用这个定价法，让用户通过体验营先感受到我们的专业和服务。

黑天鹅定价法：市场上稀缺的产品或服务，价格越高，越能够吸引购买者。这种定价法的目的是利用稀缺性，提高产品或服务的价值，同时也可以增加利润。例如，我们推出来的年度个人陪跑服务，因为导师是需要一对一来陪伴用户成长的，非常耗时间和心力，所以其定价也会比较高。

无论采用哪种定价法，我们都应该综合考虑自身的市场定位、竞争情况和用户需求，既让用户能消费，也让我们的付出得到相应的回报。大家看到这里千万不要说：哇，太鸡贼了，怎么能这样定价呢？朋友们，定价是一个市场行为，如果你的产品需要定价，那么我建议你也一定要用市场的眼光看待这件事情。毕竟你拿到这本书之后是要学东西的，而不是看一看就扔一边。

»自我练习

请尝试着结合本节的内容为你的产品制定价格，并说明为什么要这样制定。

5.4

产品链条：延长产品生命周期，持续升级我们的解决方案

产品生命周期的定义

产品生命周期中的各个阶段都是动态的，需要及时进行市场分析和调整，以适应市场变化。只有不断了解用户需求、进行创新改进、追求差异化竞争和开展有效的营销，个体才能不断适应市场变化并获得持续的盈利。

产品生命周期可以分为四个阶段：导入期、成长期、成熟期和衰退期。让我们简单了解一下这四个阶段。

导入期： 这是产品刚刚推出市场的阶段。在这个阶段，我们需要对市场需求进行调研，并投入大量的时间和资源来确定产品的定位和措施。导入期通常伴随着市场推广活动的开始，但此时产品所含市场份额相对较小，销量增长速度缓慢。

成长期： 在此阶段，随着产品知名度的提高，产品的销量和市场份额也会逐渐增长。这是产品生命周期中最重要的阶段，因为我们可以获得快速增长和更高的收益。在这个阶段，我们需要持续进行市场推广和产品改

进，以保持竞争优势和满足用户的需求。

成熟期： 当市场逐渐成熟时，销量和市场份额通常能够保持稳定增长，但增长速度会逐渐变缓。在这个阶段，我们需要根据产品价格、质量和市场策略等方面进行微调，以确保产品保持竞争优势。

衰退期： 最终市场会逐渐饱和，产品销量也会下降。如果我们不能适应市场变化，不进行创新和更新，产品就会逐渐失去市场地位。在这个阶段，我们需要降低成本、改善产品和服务，或者开发新的产品和服务，以获取利润。

横向与纵向的产品设计

为了让产品更加具有生命力，我们要学会横向与纵向的产品设计。横向的产品设计是指在同一产品线上，设计出不同功能和用途的产品，以满足不同的消费需求。横向的产品设计可以提高产品线的覆盖范围和市场占有率，也可以提高产品的竞争力和吸引力。

纵向的产品设计指的是在同一产品线上，设计出不同层次和不同价位的产品，以满足不同用户的需求。这种设计方式能够提高产品的竞争力和吸引力，也能够增加销量和利润。

对于个体来说，掌握这两种产品设计方式非常重要。

横向产品设计：以我的产品设计为例，我拥有包括图书、课程、咨询、陪跑、付费社群等多种产品，这些产品覆盖不同的用户群体。具体来说，图书有《流量变现：27个高转化的营销经典案例》，以及大家正在看的这本书；课程包括线上和线下课程；咨询也有轻咨询、项目咨询、年度陪跑等形式，主题涵盖了私域流量、实体店流量、个体流量、个体创业、个人IP、副业训练营等多个领域。

横向产品设计方式是在自己的产品线上设计出不同功能和用途的产品，以满足不同用户的需求，也为个人IP的打造提供有力的支撑。但是，不论如何设计，都不能偏离个人IP定位。

纵向产品设计：例如，我们在私域流量这一个主题下会开发出个体流量变现体验营、私域流量网课训练营、私域流量线下培训课、私域轻创业年度社群、私域流量年度陪跑、私域流量项目咨询等系列产品。

掌握横向与纵向的产品设计方式，是个体得以成功的关键因素之一。在竞争激烈的市场中，我们需要不断学习、创新，提高自己的竞争力和价值，打造出好的产品，满足用户的需求，如此才能实现可持续的发展和品牌价值的提升。

»自我练习

请根据你的业务来横向与纵向设计你的产品。

第六章

影响力：持续积累影响更多人的能量

在传统实体成为社会主流商业体的时代，人们主要去线下消费，哪里聚集的人多，哪里就是商铺想要抢占的地方、品牌想要做广告的地方。但是，移动互联网时代改变了这样的流量格局，当人们把自己的生活越来越多地转移到手机上的时候，人们会发现，要在这个小小的设备中脱颖而出，实在是太难了，这也导致了个体与企业竞争极其激烈与内卷。传播的逻辑变了，越来越多的人想通过打造个人IP，成为超级个体，拥有更高的影响力。例如，我们轻创营社群的好朋友：

艾米丽，一位在人力资源领域非常有经验的博主和专业人士。

车纯，在自我管理领域非常有影响力的博主和畅销书作者。

无戒，写了多本畅销小说，如《余温》《云端》等。

雨滴，一位在全网拥有近400万名粉丝、有着20年临床经验的儿科医生，也是育儿类畅销书作者。

凌笑妮，畅销书《自律的孩子成学霸》的作者。

张导，数字人的服务提供商（刘润老师的数字人也是他们团队提供的）。

马超，号称知识付费工具的最猛服务商。

周亚菲，磨铁图书主编、自媒体读书控主理人。

年辉，知名商业咨询公司的副总裁，咨询案例达1000+。

《多卖三倍》的作者弗兰克、《好妈妈一定有办法》的作者红老师、《掌控情绪》的作者胡明瑜、职业发展专家和四本畅销书作者马华兴、新媒体营销导师和畅销书作者勾俊伟、私域增长顾问褚运七、个人品牌顾问刘甜风、女性个人品牌顾问李菁、知名微博博主和畅销书作者写书哥张增强、《孩子爱听绘本的话》的作者静姐……

还有许多像他们这样的超级个体，在各自的领域，借助互联网放大他们的影响力。

提升个人影响力可以在个人职业发展、社交关系建立、商业机会创造和价值观传播等方面发挥重要的作用。然而，个人影响力的提升不是一蹴而就的，需要个人持续地努力和积累。

试着想象一下，如果我们能影响一群人，甚至一个圈层，我们的观点、思想、业务都能得到有效的传递，那会是多么令人振奋且有意义的事。

6.1

专业升级：提升专业能力，高手一根针顶破天

专业能力的重要性

在当下竞争激烈的社会中，每个人都渴望脱颖而出，吸引更多的关注和机会。然而，要实现这一目标，只靠个人魅力和人际关系是远远不够的。要成为有影响力的人，我们首先必须提升自己的专业能力。

为什么提升专业能力对个体来说如此重要呢？在各行各业中，只有具备出色专业能力的人，才能从众多竞争者中脱颖而出，获得更多的机会和资源。此外，能力还要顺应时代发展不断提升，若是环境变了，你却还是只会那几板斧，那就行不通了。

让我们以AI时代为例。AI技术的迅猛发展给许多行业带来了新的机遇和挑战。个体如果能结合AI提升自己现有的专业能力，就能够更好地适应未来就业市场。有一次，有一个从事文案写作的读者问我：AI来了之后我会不会失业？我告诉他：AI来了之后，一定会有人失业，但失业的人一定是不懂得借助AI来提升写作效率的人。作为一个老板，如果你要三天才能写完一篇文章，而别人借助AI一个小时就能写完，那么老板肯定会让你卷

铺盖走人。AI和自动化技术的普及使许多传统工作面临被取代的风险，只有具备高级技能和效率性思维的人才能在这个时代立足。例如写方案的能力，这是任何一个职场人都必须具备的能力，所以我们也推出了AI+全媒体营销文案变现训练营，专门帮助文案写作者借助AI来提升自己的文案写作能力。

想要成为有影响力的人，提升个体的专业能力是至关重要的。专业能力能让我们从竞争中脱颖而出，获取更多的机会和资源。我们要结合趋势，不断学习，提升专业能力，这样才能够适应未来市场、抓住科技驱动的创新机遇、拓宽个人发展道路。

如何有效提升专业能力

想要取得好的发展、拥有更大的影响力，就一定要具备超强的专业能力，这样才能拥有更大的竞争优势。以下是一些提升专业能力的有效方法。

1. 持续学习和追求知识

专业能力的提升离不开持续学习和知识积累。我们应该不断追求新的知识和技能，如通过参与线上线下学习或阅读专业书籍等方式来不断扩展自己的知识领域。我在学习方面一年的投入要以五六位数计，可能读者朋友会觉得很惊讶，为什么每年要花那么多的钱去学习？因为知识是在不断更新的，趋势是在不断变化的，一旦停止了学习，很快你就会发现自己跟不上整个时代发展的节奏。这些投入是有价值的，因为这些投入会以另外一些方式（社会认同、行业认可、物质回馈等）回报我们。

2. 寻找导师和学习模仿

寻找具有经验和专业知识的导师，或者学习模仿成功人士的做法，能够加速个体的专业成长。我们构建轻创营社群、推出商业私教班，也是在给一些正在或有意向创业的朋友提供向优秀导师学习并获得成长的土壤。

3. 参与行业社群

参与行业社群，与同行交流和分享经验，能够让你与行业内的专家和从业者建立联系，获取更多的专业资源和机会。我们的轻创营社群，旨在为创业人士提供与行业专家和从业者链接的场域，推动创业者的事业发展，使他们能够更好地实现从0到1、从1到N。

4. 实践和积累项目经验

个体可以主动寻找志愿者项目、参加实习或积极争取工作中具有挑战性的任务，以增加实际操作的机会和经验。我们轻创营社群当中有不少这样的朋友，当下缺乏实践、能力较弱，我们会鼓励他们主动申请参与轻创营社群的重大发售或活动项目，真正地从台前转到幕后，完整地参与一个项目的落地过程，从这个过程中积累相关的经验，提升自己的专业能力。

5. 持续反思和自我评估

持续反思和自我评估是提升专业能力的重要环节。反思自己的不足之处，并不断进行自我评估，找到自己的短板，并制定相应的补充计划和学习目标，这样才能真正有所进步。

专业能力可以通过持续学习和追求知识、寻找导师和学习模仿、参与行业社群、实践和积累项目经验、持续反思和自我评估等得到提升。我们要不断提升专业能力，获得竞争优势，如此才能更好地实现个人发展目标。

»自我练习

你是如何提升自己的专业能力的？请思考一下这个问题，并制定提升自己专业能力的具体方法。

6.2

做大事件：一呼百应，做出让他人惊艳的大事件

打造大事件的重要性

在这个信息过载的时代，让自己从众多竞争者中脱颖而出，成为人们关注的焦点和自己品牌的代表，已经成为一项非常重要的能力。而要做到这一点，打造大事件就显得尤为重要。

那么打造大事件有什么样的重要性呢？

首先，可以提升个人的影响力。影响力是一个人在社交、职业、商业等多个领域获得成功的关键。通过一个个大事件的策划和实施，我们可以将自己的影响力推向更高的层次，进而获取更多的资源和机会。

其次，可以增加自己的知名度和美誉度。如何让自己脱颖而出，让别人更加了解自己，是一个人发展事业的关键。大事件可以让自己成为媒体和用户关注的焦点，引起广泛的关注和讨论。

最后，可以塑造个人形象和品牌形象。人们常常会根据其个人形象和品牌形象来评价一个人。一个大事件可以让个体在公众面前展示自己的优点和特征，塑造正面的个人形象和品牌形象。

大事件是指一系列有影响力的活动、行动或决策，目的是推动个人IP的提升和扩展，达到更广泛的影响力和认可度。寻找自己独特的特点、经历、产品等，并加以包装和宣传，可以打造一个让人印象深刻的品牌形象，进而为自己的事业发展和人生目标的实现带来更多的机会和可能。

如何打造大事件

打造大事件，可以为个体发展注入新的活力和价值，提高知名度和影响力。大事件的开展应该有一个整体策略，通过一个有力的品牌主张来定义个人IP的核心价值，再针对目标受众进行有针对性的活动推广，最终形成一个独特且有影响力的品牌形象。

1. 打造大事件的方式

推出创新产品和服务。创新是个体获得成功的关键。研发出一些有突破性的产品和服务，与市场上的同类产品和服务进行差异化区隔，可以使个体的产品和服务更加容易从众多的产品和服务当中脱颖而出。例如，我第一次推出轻创营社群，就属于推出创新产品和服务这一举措的范畴。

参与公益事业。参与公益事业是个体赢得粉丝信任和支持的关键。通过致力于公益事业，个体可以在社会上树立良好形象、推广善举并为公益做出实质性贡献。我会经常参加由各市图书馆举行的公益分享活动，赋能更多人，让他们了解如何打造个人IP。

指导行业发展。个体可以通过指导行业发展，不断输出高质量的观念，掌握行业的话语权，从而提升自己的知名度和价值。例如，我经常在一些对于行业有重大影响力的平台上发表专栏文章，让行业看到我的存在，听到我对于行业发展的发声。

与知名人士或品牌进行联动。通过与知名人士或品牌合作推出联名产品、共同举办活动或合作开展项目等方式，个体可以借助对方的知名度和资源优势，提升自己的品牌价值和影响力。与知名人士或品牌合作能够为个体带来更多的曝光机会和合作机会，进一步扩大其在行业内的影响力和市场份额。例如，我与深圳书城、中国法制出版社联合举办的线下分享活动，就是非常有代表性的品牌联合性活动大事件。

积极参加行业活动和会议。参加行业活动和会议可以让个体与行业专家、从业者建立联系，获取更多的专业资源和机会。例如，我经常受到同行人的邀请，担当演讲嘉宾，为行业提供有价值的观点和分享，展示自己的专业知识和能力。

创作原创内容。通过写作、分享视频、直播等方式创作高质量、有传播力的原创内容，分享专业知识和经验。这不仅可以提升我们的声誉和专业形象，还能够为我们吸引更多的粉丝和关注者。

强调个人价值主张。我们可以明确定义自己的价值主张和专业特长，强调自己在某个领域的独特价值，从而吸引更多的合作伙伴。

2. 执行和落地大事件的步骤

成功执行和落地大事件是非常关键的，这决定了整个事件的效果和价值。我们可以按照以下几个步骤来实施。

设定目标和策略。首先需要明确大事件的目标和策略。目标应该具体、明确、可量化。例如，可以吸引多少用户或可以获得多少收益。策略则要考虑营销、宣传、资源调配等方面的问题。

制定计划。根据目标和策略，制定详细的计划，包括时间表、预算、人员分工等。为了确保计划的可行性和成功执行，还需要对计划进行多次评估和修改。

筹备资源。大事件需要大量的资源支持，包括人员、财力、物资等，需要提前做好筹备。根据制定好的计划，及时安排各种资源，确保在执行过程中资源调配顺畅。

执行大事件。在执行大事件过程中，需要时刻关注目标的实现情况和策略的落地效果。同时，还需要做好各种意外情况的应对，保证大事件的顺利进行。

检查反馈和总结。大事件执行完成后，需要对大事件的结果进行检查和反馈。分析大事件的成功之处和不足之处，总结经验教训，为下一次大事件执行提供参考。

通过策划一些具有广泛影响力的大事件，我们可以吸引公众的关注和引领行业的快速发展，进而提升自己的知名度和影响力。只要目标明确，打造一个创新、有影响力的大事件，再不断努力，就有机会成为自己所在领域颇具影响力的个体。

如果你需要获得策划和落地一个大事件的相关表格，可以关注微信公众号"刘芳在想"，回复"个体变现"，即可获得。

»自我练习

你有没有打造过大事件？请设计一个很快可以启动的大事件。

6.3

敢花大钱：花大钱入高质量圈子，让我们获得高势能加持

入高质量圈子的必要性

圈子是一个由具有共同兴趣爱好、社会地位、职业、价值观等特征的人组成的群体，可以是亲戚、朋友之间的小圈子，也可以是同行业、同学校、同城市的人形成的大圈子。在圈子中，人们可以获取认同感、归属感和支持感，同时也可以获取更多的资源和机会。

圈子的形成，源于人类社交的本能。在人类社会中，社交是生存和繁衍的必需品，人们需要结交朋友、组建联盟和合作来获取更多的资源和保护自己的利益。圈子中的人有着相似的思想、行为和习惯，他们之间的交流更加轻松自在，相互之间更容易建立信任和友谊。

圈子可以有不同的形式，如线上圈子和线下圈子。线上圈子是通过互联网和社交媒体形成的圈子，如微信群、QQ群、微博等。线下圈子是通过实体场所或活动形成的圈子，如俱乐部、协会、聚会等。不同形式的圈子可以满足不同人群的需求，线上圈子更加便捷快速，线下圈子更加真实

和直接。

好圈子的评判标准比较多，但有一点可以说是比较通用的：越敢定高价的圈子，理论上讲质量越好。除此之外，也要看这个圈子的交付和口碑。在当今社会，越来越多的人开始注重寻找并进入一个适合自己的好圈子，因为这对于打造个人IP和实现自身目标具有非常重要的意义。

进入高质量圈子的必要性主要有以下几点。

拓展人脉关系。高质量圈子常常会聚集一些特定领域的专业人士或成功人士，这些人有着丰富的经验，对于个体来说，多认识一些这样的人，有助于个体拓展新的业务机会。

获得更好的资源。高质量圈子中常常有一些优质的资源，如推荐用户或项目、资金支持、专业人才等。这些资源对于个体来说是非常有价值的，能够提升其在市场竞争中的优势。

获得学习机会。一个高质量圈子会聚集一些成功的人士，他们的经验和见解对于个体来说非常宝贵，通过参加圈子中的活动，听取大咖的分享和建议，个体可以更好地规划自己的发展方向和策略。

提升自身形象。进入高质量的圈子，不仅有助于拓展业务范围和人脉关系，还有助于提升个体在市场上的形象和认可度。这样的认可度能够吸引更多用户和合作伙伴的关注与选择。

增加竞争力。进入高质量圈子，和成功者同台竞技，不仅能够提高个体的行业声誉和影响力，还能吸取成功者的经验和教训，从而提升自己的专业能力和商业智慧。

在轻创营社群这个圈子中，我们致力于帮助试图开启创业之路的人们。我们的使命是提供实用的策略、深入的市场洞察、持续的支持，以帮助个体实现创业和发展的梦想。

在这个过程中，我们构建了一个专属的线上＋线下社群来支持大家。在这个社群中，大家可以分享经验，学习新知识，互相激励，获得发展。这正是我们轻创营社群这个圈子的创建初衷。

实际上，也正是因为我们构建了这样一个圈子，才为许多朋友提供了很多合作与发展的机会。例如，我与学员刘十二一起开发课程帮助她获得了收益，辅导学员大卫找到精准定位，首年变现便破百万元。这些，都是因为大家在一个圈子里，实现了资源共享。

如何融入一个好的圈子

一个个体想要在市场上更具竞争力和影响力，进入高质量圈子是一个非常必要的选择。通过与圈子里的成功者交流，个体可以更好地了解市场动态和趋势，提高自己的商业素养和领导力。关于如何更好地融入一个好的圈子，有以下几点建议。

定义我们的兴趣和目标。确定我们感兴趣的领域和我们想要实现的目标，因为这将帮助我们更好地定位适合我们的圈子，并与志同道合的人建立联系。例如，你现在是一个职场人，但是你未来希望自己能够独立闯出一番事业来，那么与创业有关的主题社群就非常适合你。

主动参与活动和社群。优质的社群一般都是收费的，这会成为一个筛选的门槛，进来的人的质量普遍不会差到哪里去。积极参与和这些社群相关的活动、研讨会，加入相关的行业组织，可以让我们与同兴趣的人建立联系，并有机会结识行业专家和领导者。

寻找导师或顾问。在一个优质社群中，我们会遇到各种各样的人，其中有可能就有对于你来说非常重要的人生导师或顾问。有经验和专业能力强的导师或顾问可以为我们提供指导和建议，并帮助我们进一步扩展认知，找到解决方案。

提供价值并建立信任。当我们加入一个圈子后，我们要注意与他人建立起互惠互利的关系。提供有价值的信息和资源，分享我们的专业知识，与他人进行合作，建立信任和好感。这里特别要提醒大家注意的是，千万不要一进入一个圈子就开始大肆发广告，硬发广告是让大家非常反感的事情。

持续学习和提升。不断学习并保持更新是加入高质量圈子的关键。通过不断提升自身，我们将更有机会得到他人的关注和尊重。记住：最大的贵人是你自己，是你自己的专业能力和带给别人的价值。

加入好的、高质量的圈子需要时间和努力，建立真正的关系同样需要付出持久的努力，但这也是一个非常宝贵的学习和成长机会。努力精进，让自己变得优秀，这样的我们也将有机会与更多优秀的人建立联系并同行向前。

》自我练习

你现在有进入一些高质量的圈子吗？如果没有的话，请给自己制定一个进入高质量圈子的计划吧。

6.4

链接牛人：做一个靠谱且有价值的人，让牛人也为我们背书

如何识别牛人

在开展事业的过程中，我们会遇到各种各样的人，有些人非常有能量，可能会成为帮助我们的人，为我们提供资源和支持，而这些人往往就是大家口中的牛人。那么如何识别牛人呢？

首先，牛人通常具有很强的专业知识和技能。他们对自己的领域非常熟悉，具备深厚的专业知识和技能，而这些知识和技能也是他们能够在特定的圈层中有卓越表现的重要保障。因此，识别牛人的第一步就是要关注他们在某一领域内的表现和能力。

其次，牛人往往有着非凡的经历和成就。识别牛人的第二步就是要了解他们的经历和成就，看看他们在过去是如何表现的。他们可能曾经创业成功，或者在某个领域里取得了非常出色的成绩，产生了很大的影响。

再次，牛人通常拥有强大的人脉。他们认识很多人，这些人也可能是某个领域里非常出色的人。通过牛人，我们能够扩大自己的人脉圈，从而

获得更多的机会和资源。因此，识别牛人的第三步就是要了解他们的人脉关系，看看他们和哪些人有联系。

识别牛人需要我们具备敏锐的观察力和较高的洞察力。只有认真观察和了解，才能识别谁是真正能够帮助我们的人，从而为我们的事业或职业发展带来更多的机会和可能。

请记住：你的时间是有限的，一定要将你的时间放到真正的发力点上，找到真正能帮助你的人。

如何与牛人建立有价值的关系

有些人在与牛人建立关系的过程中非常容易走偏，例如，让牛人觉得他们特别不靠谱，说的比唱的好听，势利等。与牛人建立有价值的关系并不是一件容易的事情，需要具备一定的技巧，掌握一定的方法，以下给大家一些具体的指导。

1. 寻找共同点

通过寻找共同点，我们可以和牛人打开"话匣子"，建立起最初的互动和联系，而这些共同点可以是职业、兴趣爱好、经历等。共同点可以让牛人对我们产生最初的好感，从而逐步与我们建立联系。

2. 提供价值

想与牛人建立有价值的关系，首先需要想想自己可以提供给牛人哪些价值。在与牛人互动时，要有意识地去了解他们的需求和问题，然后凭借自己的专业知识和经验，为他们提供帮助和建议。牛人认识到我们的价值之后，便更加愿意与我们建立关系。

3. 建立信任

与牛人建立信任的方式有很多，可以是分享自己的经验和故事，也可以是提供有用的信息和资源。无论采取何种方式，都要保持真诚，让牛人感受到我们的诚意和专业能力。

4. 持续维护

与牛人建立联系后，要经常保持联系，如通过电话、社交媒体等方式与他们保持互动和交流。这样可以让彼此之间的联系更加紧密，有利于双方建立起稳定的关系。

我有一位学员叫刘十二，是一名私域操盘手。她通过我的书认识了我，进而成了我的学员，我们之间也有了更多的交流和沟通。在这个过程中，刘十二主动帮助我运营社群，开展线下活动。通过长时间的相处，我了解了她的为人处世，对她的个人品德及做事方式有了非常全面的信任，我会把她推荐给一些非常重要的朋友，帮助她提升个人IP影响力，也会和她合作开发一些项目，让她在这个过程中可以获得成长与收益。

我们可以看到，与牛人建立有价值的关系并不是一蹴而就的，需要通过积极的互动和交流，不断提供有价值的信息和资源，赢得对方的信任和认可。同时，我们也要明白，与牛人建立有价值的关系不是单纯地为了得到商业机会，而是要通过与他们的交流和合作，不断提升自己的能力和价值，实现自己的个人发展或创业梦想。

另外我还想提醒大家，牛人提供了帮助之后，你不能把他们当成一个物件，用完了之后就不再有后续的联动了。每个人都应该有一颗感恩的心，如果你用完了这层关系，就对别人不理不睬了，那你想想，自己的口碑会不会被传播出去？以后谁还敢跟你打交道？

所以做人做事还是不要有太强的功利心，功利心太强，早晚被别人知道，关键是好事不出门，坏事传千里。

» 自我练习

请制作一个人脉资源的表格，将自己所拥有的人脉资源都列出来。

6.5

结交盟友：获得一群可以支撑我们做大事件的朋友

盟友的重要性

在打拼事业的道路上，拥有一群可以支撑我们做大事件的朋友是非常重要的，这些朋友就可以称为我们的盟友。盟友是指那些和我们在共同的目标上紧密合作的人，他们可以为我们提供支持和帮助，也可以为我们的事业带来更多的机会。

那么，为什么说拥有盟友如此重要呢？

首先，盟友可以为我们提供资源。他们可能有我们需要的专业知识、人脉、经验或资金，可以帮助我们解决问题。

其次，盟友可以为我们提供精神上的支持。作为我们的盟友，他们往往能够理解我们的困难和挑战，也能为我们加油打气，提供建议和帮助我们排解情绪。

最后，盟友可以帮助我们扩大影响力。每个盟友的背后都有着不容小觑的能量，通过盟友的帮助，我们可以扩大自己的社交圈子和影响力，为自己的事业创造更多的机会。

例如我的好朋友张小桃，她出版《你是孩子的光》之后，又与秋叶大叔合著了《个人品牌创业之路》。我的第一本书《流量变现：27个高转化的营销经典案例》上市时，她刚刚做完一个小手术，身体还在恢复期，但她仍然认真细致地给了我很多关于新书营销推广的建议。她的细致贴心让我十分感动。

我在创建第一期轻创营年度社群的时候，也邀请了20多位盟友来助力宣传。他们都是在各自领域非常优秀和出彩的IP人。在他们的助力下，我的第一期轻创营年度社群非常顺利地在7天招募到了100多个用户。

所以，如果你能和你的盟友互相合作，互相托举，你们就能一起越来越好。

如何找到潜在的盟友

盟友可以为我们提供支持和资源，助我们取得成功。当遇到能够合作的人时，我们可以积极与他们建立稳固的关系。通过这样的方式，我们就能逐步拥有一群可以支撑我们做大事件的盟友。

但是，要如何找到这些潜在的盟友呢？以下这几个具体的方法供你参考。

加入社交平台。社交平台是扩大社交圈的绝佳途径，尤其是以社群为代表的社交平台。如果你是创业者，那么你可以加入一些以创业为主题的社群，在社群中可以通过发表有价值的内容，建立个人专业形象，进而与潜在的盟友建立联系。

参加各种活动。这是扩大社交圈的重要手段，我们可以参加行业峰会、学术研讨会、商业活动等各种正式与非正式活动，从中认识更多的人，也能找到更多潜在的盟友。我经常受邀参加各种各样的行业峰会、商业活动、公益分享。参加这一系列活动，能让我吸引非常多的粉丝和读者，这些粉丝和读者未来都有机会成为我的盟友。我现在的项目合伙人就大多出自我的粉丝和读者群。

利用人脉介绍。利用人脉介绍是扩大社交圈的一种快捷方式。当认识一些关键人物时，我们可以借助他们的人脉，去认识其他有价值的人。

以上是关于寻找潜在盟友的一些建议，但是我们要注意，建立盟友关系需要一定的时间和耐心，要注重细节，学会延迟满足。与盟友的关系建立在共同利益和相互尊重的基础上，要多关心他们的需求和想法，并在合适的时候给予他们帮助和支持。如果你上来就表达出非常强烈的个人利益诉求，只关注自己，而忽视他人，那么你极有可能摧毁一段本来很有机会的连接关系。

一个人的人品怎么样，一打交道就知道了。能够让我们始终受人欢迎的，一定是我们的人品。

》自我练习

你有自己的盟友吗？请将你的盟友列举出来。

第七章

成交力：打造迎接更多财富的成交转化能力

成交力是指一个人在交流和沟通中，能够有效地说服别人，实现自己目标的能力。成交力不仅在销售领域有用，在生活中的各个方面也都非常重要。无论在工作中还是在个人生活中，良好的成交力都是一个人成功的关键。

一个人具备成交力有多重要呢？

实现个人和职业目标。无论我们是个体经营者还是在组织中工作的人，好的成交力都可以帮助我们实现个人目标和职业目标，通过有效地与用户、合作伙伴或同事交流、沟通和协商，我们可以更容易地达成合作和交易。

提高盈利能力。具备成交力意味着我们能够更好地理解用户需求，并根据其需求提供合适的产品或服务，这将帮助我们增加销售量，提高用户满意度并最终实现更高的盈利。

建立信任和良好的人际关系。通过有效的沟通、积极的互动和专业的表现，我们可以赢得他人的信任和好感，拥有更多的机会和资源。

解决问题和克服挑战。与人相处或谈判的过程中往往存在各种各样的问题和挑战，如果你具备很强的成交力，你就能以一种更积极主动的方式与他人合作，致力于通过合作找到解决方案，而不是始终围绕着问题和挑战兜圈子。

提升个人影响力和领导力。成交力不仅是销售技巧，还包括有效的沟通、协商和领导能力，成交力可以提升我们的个人影响力，让我们更好地影响他人并领导团队。

成交力对于打造个人IP、成就个体事业来说非常重要。只有具备了足够的成交力，才能够在竞争激烈的市场中脱颖而出，赢得更多的用户和机会。

7.1

成交心法：三个底层逻辑，打造我们的成交力

心法一：提供专业的解决方案

用户为什么要购买你的产品和服务？因为他们需要解决实实在在的问题，所以为用户提供专业的解决方案无疑是最重要的成交心法之一。不同的用户需求不同，对于同一问题的解决方案也不尽相同。因此，要根据用户的具体情况，为其量身定制解决方案，而且这些方案必须具有实际可行性，要简单明了易懂，以降低业务推销的门槛，让用户很快地理解并接受。

个体必须花费大量时间，深入挖掘市场背景和动态，了解业界的最新发展趋势。例如，个人可以通过钻研行业研究报告、参加行业研讨会、参观展会和与同行业人士交流等方式，强化自己的市场感知力，扩大自己的视野，从而更好地为用户提供专业的解决方案。

我有一位好朋友，是《新经销》的总编赵波老师。在他第一次邀请我为他们的媒体平台写专栏文章的时候，我们聊到了一个话题：是写专业内容好还是写热点新闻好？他说："写热点新闻，用户看着是爽，但实际上对用户来讲帮助不大，我们只有写能够经得住时间考验的深度内容，才

能够更好地帮助用户了解当下，规划未来。"在这一点上，我觉得赵波老师能够看到事情的本质，不被流量裹挟着往前走，给用户专业的知识和内容，这才是一个媒体平台真正的价值之所在。

理解用户需求并提供个性化解决方案，以及针对用户的痛点提供专业解决方案，这些措施将有助于建立良好的个人形象和信任度、提高成交力。

心法二：建立紧密的人脉关系

在当前瞬息万变的市场中，赢得用户的信任和认可不仅需要提供专业的解决方案，还需要建立紧密的人脉网络，尤其要注意人脉关系的长期性。因为建立长期的人脉关系对于个人事业的积极影响更大，这种关系基于相互尊重、合作和共赢，虽然需要花费更多的心力和精力，但能带来长期的价值回报。

请留意我们经常去的场所，以及与我们频繁接触的群体，力争抓住每个认识有价值的人的机会。参加行业研讨会、专业论坛和跨领域的社交活动是建立长久人脉关系的极好方式，尝试认识更多的人，与他们交流并寻找潜在的合作伙伴，保持联系。

举个例子，我曾在一个培训活动中结识了吴晓波老师团队的一位工作人员。经过深入交流，我们加深了对彼此的了解，分享了信息和经验，沟通非常良好。后来，这位工作人员邀请我到吴晓波频道890新商学进行私域流量和营销方面的专业知识分享，这为我扩大个人品牌影响力带来了更多的可能性。

在这个过程中，真诚交流是建立紧密人脉关系的关键，尊重他人并持续提供有价值的信息和建议，能够增强信任和共同意愿，建立更有意义和长期的人际关系。

心法三：后续关怀和持续改善

提高成交力的最后一个关键心法就是持续关怀与后续改善。持续关怀与后续改善对于提高成交力的重要性不可忽视。首先，通过与用户建立稳定的关系，我们能够赢得他们的忠诚和信任，提高复购率。其次，市场需求和竞争环境不断变化，通过后续改善，我们可以及时调整销售策略和产品，提高服务水平，以满足用户不断变化的需求并保持竞争力。因此，持续关怀与后续改善是提高成交力的必备心法。通过建立稳定的关系和不断改进销售方法，我们可以获得更好的销售"成绩"。

具体的做法如下：

保持沟通：了解用户的近况、需求和问题，并提供帮助和支持。与用户保持定期的电话、邮件或面对面沟通，建立良好的合作关系。

价值信息：通过定期发送邮件、短信或提供专业知识的博客文章，为用户提供有价值的信息，帮助他们解决问题，增加他们对你的信任和依赖。

定期回访：定期回访用户，了解产品使用情况和满意度，及时帮用户解决问题，并寻找改进的机会。

反馈收集：定期收集用户的反馈，包括满意度调查、建议和意见。根据反馈结果，及时调整销售策略和产品或服务，以提升用户的体验和满意度。

我们在完成一次私域一对一的销售后，还会主动与用户通过企业微信保持定期联系，为他们提供有关产品的使用和维护指导、特惠福利及各种活动信息。在对用户的持续关怀和后续改善中，我们与用户保持了良好的合作关系，并获得了用户的高度认可。

持续关怀与后续改善是提高成交力的必备心法，它不仅可以帮助我们与用户建立长期合作关系，增加用户对我们的忠诚度和信任感，还能让我们及时适应市场的变化，提高销售业绩。因此，将持续关怀与后续改善融入成交策略中，将为我们带来更大的成功。

》自我练习

请将本节讲到的三个心法用到实际的场景中，锻炼自己的成交力吧。

7.2

销售秘籍：一套极简的销售流程助你轻松实现销售

销售四字诀：摸、爬、滚、达

在销售的过程中，转化率是核心指标。然而，提高转化率并不是一件容易的事情。那么，如何才能让提高转化率像呼吸一样简单呢？在这里我给大家介绍一套极简的销售流程，也是非常容易记住的销售四字诀：摸、爬、滚、达。

1. 第一步：摸信息

在开始销售前，我们需要摸清用户的信息，包括他们的年龄、性别、职业、收入和购买行为等。这些信息将帮助我们更好地理解用户的需求，并为他们提供最佳的体验。例如，一个保险销售员在开始销售之前，肯定要全方位了解用户的信息，包括年龄、性别、职业、收入、购买行为、购买保险的经验等。

2. 第二步：爬需求

在了解了用户的信息之后，我们就需要"爬取"用户的需求。我们需要通过问一些有针对性的问题来更好地理解用户的需求，这些信息将帮助我们定位潜在用户，并为用户提供更加个性化的销售方案。例如，这个保险销售员需要了解用户的保险需求和购买意愿，那他可以询问用户的家庭情况、健康状况、职业风险等，以便更好地理解用户的需求和痛点是什么。

3. 第三步：滚优势

一旦了解了用户的需求，我们就可以滚动叠加产品的优势。重要的是，我们的优势应该完全符合用户的需求，并且能够为他们带来实际的好处。一般可以通过演示和提供试用机会来展示我们的产品，以便用户更好地了解产品的功能和优点。

4. 第四步：达销售

做好前三步之后，我们就要给用户一个很难拒绝的理由来达成销售，叠加这个产品的一些优惠福利和销售活动，让用户做出最终的购买决定。

这一套"摸、爬、滚、达"的极简销售流程能帮助我们更好地理解用户的需求，并为他们提供最佳的购买体验。遵循这套销售流程，我们可以让提高转化率变得像呼吸一样简单。

》自我练习

请将销售四字诀用到具体的销售场景中。

7.3

"睡"后收益：设定用户自动成交路径，让收益源源不断

随着互联网的发展，知识付费成了一个热门话题。很多人想把自己的知识、经验和技能变成有价值的内容或产品，尤其是想将这些内容或产品放到平台上，让其自动产生收益。

那具体如何来做呢？我给大家讲一些方法，帮大家构建一个自动获得收益的模式。

确定我们的专业领域和优势。我们需要确定自己擅长的领域和掌握的知识，关于这一点大家可以重温本书中"找到长板"部分的内容，因为这是创建有价值的付费内容的前置工作。

选择合适的知识付费平台。根据我们的目标受众和预算，选择一个合适的知识付费平台，并了解这个平台的规则和玩法。现在许多社交媒体平台，如抖音、快手、微信视频号、微信公众号等，都可以通过图文或短视频来带货。

创建高质量的内容。为了吸引用户付费，我们需要打造出高质量的内容，并要确保内容具有针对性、实用性和趣味性，能够满足用户的需求。这些内容包括文章、视频教程、设计课程等。

制定合理的价格和促销策略。 根据我们的内容和市场情况，制定合理的价格和促销策略。例如，可以采用免费试听、限时优惠、打折促销等方法，吸引用户购买。

利用社交媒体进行推广。 在微博、微信、抖音等社交媒体平台上分享我们的知识付费内容，扩大知名度。同时，可以加入相关的社群和论坛，与潜在用户互动，提高影响力，让用户知道我们有这些产品。

提供优质的用户服务。 用户在触达这些信息的时候肯定会有各种疑问，所以我们需要为用户提供及时、专业的服务，解决他们在购买和使用过程中遇到的问题，建立良好的口碑，吸引更多用户付费。

持续优化内容和营销策略。 根据用户反馈和数据分析，不断优化我们的知识付费内容和营销策略。这将有助于提高用户满意度和转化率，实现持续的收益。

我在微信视频号上发布了一个非常好的内容，还挂了一个知识付费商品的链接。只要这个内容能够击中用户的痛点，并且视频可以不断地在平台上进行传播，这个商品就会在不用管理的情况下，持续地带来收益，产生更多的"睡后收入"。实际上，我正是这么做的。如果大家想要了解更多关于这方面的操作，可以关注我的微信公众号或视频号"刘芳在想"，回复"个体变现"，就能看到具体的做法了。

»自我练习

请将你的一个优质作品上传到社交媒体平台上，并尝试着挂上自己的商品链接，体验一下自动成交的过程。

7.4

招商绝招：让更多的人加入我们的事业，放大财富成果

为什么要招商

招商是我们扩大事业规模的一种策略，即通过各种渠道吸引潜在合作伙伴加入个人事业或合作项目中，实现双方共同发展和分享利益。招商的目的是招募优秀的合作伙伴，为我们的事业发展提供动力和资源。

对于个体来说，招商有以下好处。

资金支持。招商可以引入资金，为我们的事业提供更多的资金支持，帮助我们扩大经营规模、研发新产品、开拓新市场等。这对我们来说非常重要，因为个体通常没有足够的资金来支持自己的事业，而招商可以弥补这方面的不足。

技术合作。招商有利于我们与其他合作伙伴建立合作关系，让我们获得更多技术支持和资源共享。这些技术支持和资源共享可以帮助我们提高产品或服务的质量和竞争力，进一步扩大市场份额。

品牌推广。通过与有影响力的人或品牌合作，我们可以借助对方的品

牌影响力和知名度，提高个人形象和知名度，吸引更多的用户和投资者。

市场拓展。招商可以帮助我们开拓新的市场和销售渠道，进一步扩大市场份额和提高销售额。这对于我们来说非常重要，因为许多人没有足够的销售网络和渠道来推广自己的产品或服务，通过招商，他们可以找到有市场和销售渠道的合作伙伴，这样就能够显著扩大个体的事业规模。

招商是个体实现事业发展的重要方式之一。通过招募优秀的合作伙伴，个体可以获得更多的资金支持、技术合作、品牌推广和市场拓展机会，助力个体取得事业的成功。

招商的有效方法

招商是一个重要的方式，能够帮助个体扩大自己的事业规模。要进行有效的招商，可以考虑以下几个方法。

积累人脉资源。建立广泛的人际关系，积累人脉资源对招商很有帮助。我们可以通过参加各种行业活动和会议，多认识一些人，提前积累人脉资源，以便在招商时得到更多支持。

利用社交媒体。社交媒体是现在非常重要的招商平台。我们可以通过社交媒体等途径获得潜在的合作伙伴、分享经验和见解，宣传我们的产品或服务。我以前通过直播对"社交零售"项目进行过招商，效果很好。

提供课程产品。提供优秀的教育课程或产品，可以吸引更多人加入我们的事业。例如，我以前做过"社交零售"的招商，当时，我通过开设"社交零售万人项目闭门会"的线上课程，邀请了许多人来了解我的合作计划。

　　制定招商计划。我们需要了解自己在项目、技术和服务方面的优势与竞争情况，还要认真研究市场和用户需求，考虑吸引合作伙伴的重要因素，明确盈利模式，详细解答相关风险和机遇，在此基础上，制定一个清晰的招商计划，让意向人一目了然。

　　在招商过程中，我们需要充分了解市场的真实需求，注重品牌塑造和运营，制定合理的招商计划，让更多人看到我们，并且对我们的事业给予充分的肯定与信任，吸引更多人加入这一共同的事业中。

»自我练习

　　如果你要发展自己的事业，就试着制定一个招商计划吧。

第八章

领导力：凝聚一群人，猛干一件事

在事业逐步走向规模化后，个体还会面临组建团队的选择。面对团队成员，带头人需要具备很强的领导力。因为领导力可以帮助个体更好地管理、激励和鼓舞团队成员，协调团队内部的关系，制定明确的工作计划和目标，并带领团队取得成功。

当一个团队需要完成一项复杂的任务时，领导力就显得尤为重要。例如，一个课程开发团队需要在规定时间内完成一款新产品的研发，如果团队的带头人没有很强的领导力，那么他可能无法有效地管理团队成员，导致成员之间缺乏协作和沟通，从而影响整个项目的进度和质量。相反，如果带头人具备很强的领导力，那么他就可以很好地统筹安排，带领团队顺利完成任务。如此看来，领导力对于团队的成功是至关重要的。

在我曾经任职的公司里，有一个销售团队的领导者是从销售业务岗提拔上来的。这位领导者单打独干做销售相当厉害，但在带团队上缺乏有效的领导力，经常忽略团队成员的意见和反馈，只关注自己的计划和想法，导致整个团队士气低落。团队成员觉得没有存在感，私下对他的负面评价比较多。

在他接手的几个月里，销售团队无法实现公司的销售目标，而且用户投诉也在不断增多。然而，他并没有采取任何措施来解决这些问题，反而认为这是团队成员能力不足导致的，与自己无关。

随着时间的推移，销售团队的情况越来越糟糕，销售额持续下降，用户流失率居高不下。最终，公司不得不将他重新调到销售业务岗，重新找人来带领销售团队。

看，兵熊熊一个，将熊熊一窝。一个带头人如果缺乏有效的领导力，那么整个团队的表现都会受到影响。

8.1

找到伙伴：筛选志同道合的伙伴，做对的事

寻找志同道合的伙伴

拥有一群志同道合的伙伴可以为我们提供支持、资源和创新思维，帮助我们实现事业目标。你可能也很想知道，应该如何找到这样一群伙伴呢？除了传统的招聘方式，还有其他方法可以采用。

1. 利用社交媒体

社交媒体的普及使寻找志同道合的伙伴变得很容易。如果我们有自己的社交媒体，那么粉丝中黏度高的铁忠粉便可以成为我们的合作伙伴。我大部分的伙伴是由我的粉丝转化而来的，因为经过长时间的相处和共同学习，我们对彼此了解很深，也认同彼此的观念，成为一个团队后合作起来也感到亲密无间。

2. 参加行业聚会和研讨会

各行业的聚会或研讨会是与同行建立联系并找到志同道合伙伴的好机会。通过参加这样的活动，我们可以结识同样热爱这个行业的人，了解他们的想法、观点、职业方向及工作方式、习惯，如果发现对方与自己有很

强的契合点，那么我们就有机会与其成为伙伴。

用招聘的方式能不能招聘到好的伙伴呢？一般来说，如果你的品牌影响力巨大，你的拥趸者够多，那么也是可以的。

寻找和筛选合适的伙伴是发展事业不可或缺的一步。我们需要建立一个花名册，将我们认为合适的人员纳入这个花名册中，在需要伙伴的时候，我们就可以从这个花名册中去寻找。

建立有效的工作关系

想要与志同道合的伙伴建立一种有效的工作关系，应该如何做呢？具体可以参考以下几点。

1. 明确彼此的角色和职责

在建立工作关系之前，要明确每个人的具体职责，以便更好地协同工作。一个清晰的工作角色框架可以帮助减少误解，简化合作过程，提高效率。很多事情乱成一团，大多是由职责混乱导致的。

2. 尊重并认可彼此的工作风格

每个伙伴都有不同的工作方式和方法，要理解并尊重彼此的工作风格，也要为伙伴提供适当的工作场所和支持，以便他们充分发挥自己的能力。你也许喜欢整洁，但是有人就是在混乱中才有灵感，我们要关注核心节点和结果，毕竟水至清则无鱼，人至察则无徒。

3. 建立良好的沟通机制

良好的沟通机制是建立工作关系非常重要的一步。要确保每个人都在同一频率上，并建立一个开放、透明的沟通渠道，这样才可以消除工作中出现的任何争议或误解，从而使团队更加协调和有效。例如，每天、每周、每月的例会，以及裸心会、畅谈会，都可以成为固定的沟通机制。

4. 展示忠诚并建立互信

在建立好的工作关系时，展示忠诚并建立互信也是非常重要的。工作中的合作关系应该是相互信任和相互尊重的，疑人不用，用人不疑。

找到志同道合的伙伴，建立清晰的角色框架，尊重和认可彼此的工作方式和方法，同时建立一个良好的沟通渠道，维护彼此信赖的合作关系。这样有助于建立一个成功的团队，从而助力实现共同目标。

» 自我练习

请尝试运用本节讲述的方式和方法，寻找与你志同道合的伙伴。

8.2

感召能力：凝聚人心，朝着同一个目标前进

何为感召能力

感召能力是指能够引起别人的共鸣，并让别人为之所动，产生自愿支持、跟随、行动的冲动的力量。具有感召能力的人可以通过积极向上的言行和良好的品质，激励和引领大家朝着同一个目标努力，追求共同的价值和利益。

当你具有感召能力时，你便能够以自己的言行和良好品质影响和感染用户与团队成员，激励他们积极向上地学习、成长、创新和创造，带领他们克服种种艰难险阻，共同完成工作任务，实现共同的愿景。

因此，如果想要在竞争激烈的市场中取得优势，就必须具备感召能力，善于以自身的品质和言行影响与鼓舞他人，通过做出口碑卓著的事情来树立良好的个人形象及品牌形象，提高用户、团队成员的认同感和忠诚度，获得更大的成功。

培养团队合作意识

想要做大事业，单凭个人力量是远远不够的，一定要团队合作。从这一点来说，培养团队合作意识是非常重要的。只有建立起一支高效的团队，才能更好地实现事业的发展和壮大。

首先，我们需要认识到，一个成功的团队是由不同的人才组成的。每个人都有自己独特的技能和经验，这些都是团队所需要的，我们需要学会如何发掘每个人的优点和潜力，并将其合理地分配到团队中去。这样做可以使团队中的每个人都发挥出最大的作用，从而实现团队的整体效益最大化。

其次，我们需要学会建立良好的沟通机制。在团队中，每个人都有自己的想法和意见，因此需要有一个开放、透明的沟通渠道来促进信息的交流和共享。这不仅可以避免团队中误解和冲突的发生，还可以让团队成员更好地理解彼此的需求和期望，从而更好地协作完成任务。

再次，激发团队成员的积极性和创造力也十分重要。一个充满活力和创造力的团队可以更好地应对各种挑战和机遇。因此，我们需要为团队成员提供足够的资源和支持，同时也需要给予团队成员足够的自主权和决策权，让他们有机会展示自己的才华和能力。

最后，要学会处理团队内部的矛盾和问题。在一个团队中，成员间难免会出现一些分歧和矛盾，我们需要学会如何有效地解决这些问题，避免这些问题对团队的正常运转造成影响。同时，我们也需要保持公正和客观的态度，一碗水端平，不偏袒任何一方，以维护团队的和谐与稳定。

培养团队合作意识对于个体的事业发展至关重要。只有建立起一支高效、和谐、富有创造力的团队，才能更好地应对市场的变化和挑战，实现事业的长远发展。

» **自我练习**

　　请运用本节讲到的方法尝试培养团队的合作意识，提升你的感召能力。

8.3

团队建设：提升团队的综合能力

团队建设的意义

在当今的商业环境中，一个组织和团队具备的综合能力关乎着该组织和团队能否取得成功。强大的综合能力能让团队在面对外部挑战和压力时保持稳定、灵活和有竞争力。原因如下。

第一，可以更好地应对各种挑战和变化。在竞争激烈的市场中，市场环境和技术都在不断变化。如果团队没有能力适应这些变化，它就会失去竞争优势，甚至可能被淘汰，而一个综合能力强的团队能够更快地适应新的市场趋势和技术发展，从而保持竞争优势。

第二，可以更好地与其他竞争对手抗衡。在竞争激烈的市场中，每个团队与个体都希望获得更多的市场份额和更高的利润。如果一个团队没有能力与其他竞争对手抗衡，那么它就很难实现这些目标。

第三，可以让员工感到自豪和有归属感，从而增强他们的士气和工作动力。在一个充满挑战和机遇的市场中，员工需要感到自己的工作有意义。如果一个团队没有能力应对挑战和压力，员工就会失去信心和动力。

第四，可以提高工作的效率。在一个综合能力强的团队中，员工可以更快地完成任务，在更短时间内实现目标，在市场上获得更大的成功。

一个组织和团队具备强大的综合能力是非常重要的。它可以帮助团队在竞争激烈的市场中获得更大的成功和优势，同时也可以提高员工的工作动力和效率。因此，每个团队都应该努力培养这种能力，以确保自己在未来的商业环境中取得成功。

如何提升团队的综合能力

成功往往不是一个人的事情，而是团队成员共同努力的结果。

以下是几个提升团队综合能力的关键措施。

明确共同目标：团队成员需要有共同的目标和价值观，这样能够增强团队的凝聚力和归属感，激发团队成员的积极性和创造力。我们刚推出轻创营社群时，招募目标就非常明确。当一个明确的目标树立在那里的时候，我们团队所有的成员就像打了鸡血一样，每天都为了这个目标去努力、去拼搏。

建立良好的沟通和合作机制：良好的沟通是团队协作的基石。你一定要和团队制定定期会议沟通的机制，鼓励成员分享进展和困难，这种沟通机制可以增强团队合作的效果，促进信息共享，助力问题解决。

制定详细的合作计划：这是团队成功的关键，它能够帮助团队成员理解各自的角色和责任，并确保目标顺利实现。制定详细的合作计划，明确团队每个成员的任务和完成时间，可以使团队高度协调，确保团队在规定期限内圆满完成项目。

公平分配利益：这是建立长期合作关系的基础。团队应该认可个体做出的贡献，并根据绩效和贡献程度公平地分配利益。利益分好了，很多事情就好谈了。在一个团队中，最容易出现问题的就是没有分配好利益，导致合作出现裂痕，劲儿不往一处使。

提升团队的综合能力，需要团队成员之间的紧密合作和明确的共同目标。为了建立卓越的团队，领导者需要具备强大的领导力和团队管理能力。通过制定详细的合作计划、建立良好的沟通机制，以及公平地分配利益，团队就能够实现更高效的协作，从而实现目标。

»自我练习

请结合本节讲到的方法，培养团队的综合能力。

8.4

合伙人机制：约法三章，制定合伙人进退机制

合伙人机制的内涵

合伙人机制是指个体创业者与其他合伙人为了实现共同的事业目标而建立合作关系。它包括一系列规则和制度，涵盖合伙人之间的权益分配、决策机制、责任共担、风险控制等内容，旨在通过合伙人之间的互信、协作和分工来推动事业发展。

合伙人机制具体包含以下几个要素。

权益分配：制定合理的合伙人权益分配规则，根据合伙人在资金、才能、资源等方面的贡献来确定每个人在决策中的投票权等。

决策机制：明确合伙人在事业发展中的决策方式和程序，可以通过合伙协议、会议决策等方式进行。

责任共担：规定合伙人在事业发展中的责任共担方式，明确合伙人的债务责任，并制定应对措施。

风险控制：涉及合伙人在事业发展中的风险控制和危机管理，包括风险分担和应急预案制定等。

　　一个良好的合伙人机制可以促进个体创业者与合伙人之间的有效合作，实现优势互补、资源共享和风险共担，提高事业成功的概率。要建立好的合伙人机制，需要充分沟通和协商，在相互理解和尊重的基础上，充分考虑特定事业和合伙人的需求。

如何制定合伙人的进退机制

　　合伙人进退机制是指在合作关系中，合伙人可能面临的加入、退出合伙关系的规定和程序。制定合理的进退机制可以确保合作关系稳定、可持续发展。要制定合伙人的进退机制，应该考虑哪些方面的要素呢？具体如下。

1. 加入机制

　　（1）入伙条件：确立合作伙伴加入的条件，如投资额、专业能力、经验等。可以通过设立门槛、评估合作伙伴的资质和能力来保证新合伙人的贡献和价值。

　　（2）配股制度：在合作关系中引入股权激励机制，以股权作为合伙人加入的一种形式，根据合伙人的投资额、贡献度和期望收益等因素进行分配，有助于激发新合伙人的积极性和参与度。

　　（3）权益分配机制：规定新合伙人在权益分配上的比例和方式，并确保与已有合伙人的权益分配保持公平和平衡，可通过合伙协议等文件来明确规定。

2. 退出机制

（1）退出条件：明确合伙人退出的条件，如合作期限已到、收益目标未实现、存在不可调和的冲突等。要求退出的合伙人提前通知和协商，确保双方的利益得到合理的保护。

（2）股权回购条款：制定股权回购条款，规定退出合伙人的股权回购方式、价格和条件。这有助于保护现有合伙人的权益，避免合作关系出现不稳定。

（3）知识产权和保密协议：明确退出的合伙人对于公司的知识产权和商业机密的保护责任，并拟定相应的保密协议，以防止合伙人离职后对公司的不当利用。

3. 冲突解决机制

（1）协商解决：建立合理的冲突解决机制，鼓励合伙人在面临分歧和冲突时进行协商与沟通。可以设立合伙会议或成立独立的仲裁机构来解决合作关系中的纠纷。

（2）异议处理：明确处理合伙人之间异议的程序和方式，包括投票、专家评审等，确保决策的公正和合伙人的参与。

（3）合伙人协议：制定合伙人协议，明确合伙人之间的权益和责任，并约定冲突的解决方式，合伙人协议应由专业律师起草，并经由各方认真审阅和讨论。

4. 继任机制

（1）继任计划：明确在某个合伙人退出后，由谁接替其职责和股权。这有助于保持合作关系的稳定性和业务的连续性。

（2）存在期限和继任条件：规定合伙人的存在期限和继任条件，以确保有能力和有意愿接任的人顺利过渡。

（3）选择和培养合适的继任者：合伙人应共同努力选择和培养合适的继任者，以确保经营的延续性和合作关系的稳定性。

制定合伙人的进退机制需要各方的参与和共同决策。合伙人应根据自身情况和目标制定合适的机制，并不断进行评估和调整，以使该机制能适应业务和环境的变化。同时，合伙人之间应保持沟通和信任，处理好进退机制相关问题，确保合作关系顺利发展。

大家可能会说：这么一个小小的公司，用得着这么兴师动众吗？当然需要。如果你不懂得如何与合伙人开展合作，那么合作过程中必然会出现许多不可想象的问题，有些问题可能严重到需要通过法律程序来解决。所以只要你的公司规模在扩大、你的团队在强化，你早晚会面临这方面的问题。如果你不希望出了问题之后再抓耳挠腮，就一定要把问题考虑在前面。

涉及利益问题的时候，只有明确的合约条款才能保护公司所有人的合法权益。

»自我练习

请结合本节的内容，制定一份合理的合伙人进退机制。

第九章 |

智能力：借助 AI 降本增效

　　个体在时间、精力和资金上常常存在一些劣势。个体的精力有限，需要平衡工作和个人生活，难以集中精力高效地完成任务。个人也可能需要同时处理多项任务，时间紧迫，难以保质、保量地完成所有工作。在资金方面，虽然个体事业规模往往较小，但仍然需要承担各种开销，如果工作效率无法得到提升，个体就会面临很大的资金压力。

　　然而，AI的发展能够帮助个体更好地降低成本、提高效率。AI可以处理那些看似不起眼但实际上非常耗费时间和精力的任务，使个体能够将更多时间用在更重要的事务上。AI还可以提供智能化的建议和决策支持，帮助个体更好地应对挑战并做出更明智的决策，从而提高工作效率。AI的应用还可以减少个体对一些昂贵设备和软件的依赖，降低运营成本。

　　所以，如果我们借助AI，就可以更好地降低成本、提高效率。AI的自动化处理能力和智能化支持将帮助个体节省时间、精力和资源，使个体更加专注于关键任务，从而取得更好的成果。

　　接下来，我们将从精准受众、营销策划、撰写文案、经营决策4个方面，给大家展示如何借助 AI 降本增效（本书中均以 ChatGPT 为例）。随着 AI 的不断演变与发展，相信未来还会出现更多的系统和工具，技术也会不断迭代。但这不是本书要重点研究的内容，我们可以就当下已经流行的、通用的一些工具来助力自己事业的发展。

9.1

精准受众：AI帮助我们精准定位用户群体

精准定位用户群体的重要性在于能够帮助我们更好地了解用户是谁、他们有哪些行为与需求，从而增强营销、推广和服务的效果，更有效地推送个性化的内容和产品，提升用户的满意度和忠诚度。

但是，如果我们仅靠个体的能力去做精准定位用户群体的工作，那难度和工作量都是比较大的，而且许多个体也不具备这样的能力。借助 AI 强大的数据处理和分析能力，我们可以挖掘出用户数据中的潜在模式和规律，更精准地定位用户群体。

接下来，我们向 AI 提问，获得自己的用户画像，具体做法可以参考以下说明。

提问举例：

我是一位女性情感咨询导师，我的主要产品是女性情感问题的专项咨询，请帮我定位和梳理出用户画像。

得到答案：

目标用户：女性群体。

年龄范围：18～45 岁。

地理位置：不限，可以是全球范围内的女性。

教育水平：中等及以上。

职业：不限，可以是任何职业的女性。

婚姻状况：已婚、未婚、离异均可。

情感问题：涵盖各种情感问题，包括但不限于失恋、分手、婚姻困扰、沟通问题、自尊自信等。

需求：寻求情感咨询、寻找解决情感问题的方法和技巧、寻求情感成长和提升。

特点：

对情感和人际关系有较高关注度。可能对自己的情感问题非常在意，想要改善自己的情感状况或解决相应的问题。

追求个人成长和提升。可能对自我提升有一定的追求，想要成为更好的自己，与他人建立更健康、稳定的情感关系。

渴望获得专业的指导和支持。可能需要专业的情感咨询导师帮助她们分析问题、提供解决方案、给予情感支持和指导。

市场定位建议：

针对不同阶段的情感问题提供指导。根据用户的不同需求和状况，提供特定的情感咨询服务，如失恋后的心理疏导、婚姻困扰的解决方案等。

提供情感成长和提升的课程与培训。除了个别咨询，也可以提供情感成长和提升的课程、培训等，帮助用户在情感领域得到全面的提升和发展。

线上和线下结合的咨询方式。通过在线平台提供远程咨询，同时也可以考虑在一些特定地点设置实体咨询办公室，方便与用户面对面沟通。

如果你对AI给你的这个答案不是很满意，那么你可以根据自己的需求来调整问法。再次请AI告诉我们这些用户有哪些具体的兴趣和爱好，来看看AI给我们的新答案：

根据目标用户为女性群体、年龄为18～45岁、教育水平中等及以上、职业不限、婚姻状况不限等条件，这里提供一些可能与她们的兴趣和爱好相关的信息：

自我成长和提升。她们可能对个人成长和提升有一定的兴趣，喜欢阅读、参加培训、参与社群活动等，以提升自身品质和技能。

文化艺术。她们可能对音乐、电影、舞蹈、绘画等艺术形式感兴趣，喜欢欣赏和参与各类文化艺术活动。

健康与运动。她们可能关注健康生活方式，喜欢运动、健身等，追求身心健康。

旅行和探索。她们可能热爱旅行，喜欢探索新的地方和文化，享受不同的旅行体验。

社交与人际关系。她们可能重视社交活动，喜欢交友，热衷于参加社交活动，渴望与他人建立积极、健康的人际关系。

以上是AI针对提出的新问题重新给的答案，所以当我们需要AI帮助我们精准定位用户群体的时候，我们可以不断地给 AI "投喂" 更加全面的要求和素材，以得到自己最想要的答案。

» **自我练习**

　　请根据你的业务情况，向 AI 提出精准定位用户群体的要求。

9.2

营销策划：AI 帮助我们设计营销策划方案

营销策划是一项复杂的活动，具有超前性(提前预测规划)、主观性(受策划负责人主观影响很大)、系统性、专业性、规范性等特点。营销策划的工作量因规模和行业而异，但一般来说，策划人员需要花费大量的时间和精力来制定营销策略、方案和具体计划，以及对市场进行调研和分析。借助 AI，我们可以轻松、快速地设计营销策划方案。

提问举例：

我主攻家庭教育领域，我的产品是青少年学业规划的咨询与辅导。请帮我设计一个六一儿童节的营销策划方案。

得到答案：

当然可以帮你设计六一儿童节的营销策划方案。以下是一个简单的方案供你参考：

主题活动。以"六一童趣游学"为主题，打造一场有趣且富有教育意义的活动。

赛事活动。组织一场亲子竞赛活动，邀请家庭参与，可以设置多个环节，如智力挑战、亲子游戏等。活动不仅加强家庭成员之间的互动和合作，还能向家长传递学业规划的重要性。

教育讲座。举办有关学业规划的讲座，邀请专业人士为家长提供相关信息和建议，增强家长对孩子学业规划的认知和重视程度。

预约优惠。在活动期间，提供六一儿童节特别优惠，家长可以预约咨询和辅导服务，享受折扣或增值服务。

社交媒体宣传。在社交媒体平台上发布活动信息和相关内容，吸引家长关注和参与。可以通过定期发布有关学业规划、亲子教育和成长分享的文章与视频，提高自身品牌知名度。

合作项目。与相关机构或企业合作，开展联合推广活动。例如，与图书馆合作，举办阅读推广活动，提供适合不同年龄段孩子的图书，同时也可以宣传学业规划的重要性。

品牌推广。设计专属的六一儿童节活动Logo和宣传海报，在各类线上线下媒体平台上展示品牌形象和活动信息。

礼品赠送。为参加活动的孩子准备小礼品，并为家长提供学业规划的相关资料和指导手册。

希望以上方案能帮助到你，祝你在六一儿童节的活动获得成功！

以上是AI给我们的答案。但是，拿到这样一个营销策划方案，我们会发现它很难落地，那怎么办呢？我们可以请AI帮我们设计一个具体的项目落地执行计划。

好的，以下是一个具体的项目落地执行计划，包括负责人、时间、事项和成果要求的详细安排。

项目名称：六一童趣游学活动

执行周期：××××年××月××日至××××年××月××日

执行团队：

项目经理——负责整体项目策划、协调和执行，确保项目目标的实现。

运营人员——负责活动现场的组织和管理。

教育专家——负责讲座和指导活动中的学业规划相关内容。

市场推广人员——负责活动的宣传和推广工作。

志愿者——协助活动现场的组织和服务工作。

执行时间表：

1. 第一周（××××年××月××日至××××年××月××日）

分工与人员安排——确定执行团队成员及各自的职责和任务。

活动策划——细化活动内容，确定比赛环节和讲座安排。

宣传准备——设计活动Logo和宣传海报，准备宣传资料。

筹备物资——购买赛事用具、礼品和参与活动所需物品。

2. 第二周（××年××月××日至××年××月××日）

宣传工作——在社交媒体平台上发布活动信息，吸引家长关注和参与。

活动预约——提供预约渠道，家长可以预约咨询和辅导服务。

联合推广——与合作机构或企业合作，开展联合推广活动，扩大品牌知名度。

3. 第三周（××××年××月××日至××××年××月××日）

活动现场准备——布置活动场地，准备比赛和讲座的相关设施。

运营准备——培训志愿者，确保他们了解活动流程和服务标准。

参赛家庭准备——提供参赛家庭所需的比赛规则和相关指导材料。

4. 第四周（××××年××月××日至××××年××月××日）

活动执行——按照活动流程，进行比赛环节和讲座，并安排亲子游戏。

学业规划辅导——提供家长咨询和辅导服务，解答其学业规划问题。

礼品赠送——为参与活动的孩子准备小礼品，并发放学业规划的相关资料。

成果要求：

200 个家庭参与活动。

至少 30% 的家长参加了学业规划讲座。

完成 20 个以上家庭的学业规划咨询和辅导。

收集家长的反馈意见，并进行总结分析。

怎么样？看到 AI 强大的需求识别及数据处理能力了吧。如果我们想要从 AI 这里获得可以落地的方案和内容，那么我们需要继续"投喂"给 AI 一些细节与安排，让 AI 给出的方案更加细化和到位。试着想想，如果让你来写这样一个营销策划方案，是要用一天还是要两天呢？我以前在企业里带过较大的营销团队，一个策划人员大概要花 3～4 天才能交出一份比较像样的营销策划方案，而现在，只要你给 AI 的信息足够充分，AI 就可以在几分钟内给出让你满意的答案。

» 自我练习

请结合你的业务需求，让 AI 制定一个营销策划方案。

9.3

撰写文案：AI帮助我们撰写各类营销运营文案

在当今信息爆炸的时代，文案变得越来越重要。好的文案可以吸引目标受众的注意，传递品牌信息，促进销售和业务增长。但是，你可能会有疑问，现在很多信息都是通过短视频和直播获得的，和文案有什么关系呢？请不要忘记，短视频和直播的背后是什么？是短视频文案脚本和直播文案脚本。不过，要写出好的文案并不是一件容易的事情。这就是越来越多的营销人员和文案创作者向 AI 寻求帮助的原因。

那么，AI 如何帮助我们写文案呢？

提问举例：

我是一名家庭教育指导师，给孩子提供的是学习规划的培训与咨询，请以这个背景为基础，写一篇符合小红书平台的爆款短视频单人口播文案，文案的最后，要能转化到我提供的咨询产品上。

得到答案：

标题：家庭教育指导师，点亮孩子的未来！

开场：在孩子的成长道路上，教育的重要性不言而喻。作为一名家庭教育指导师，我致力于帮助孩子和家长制定个性化、科学有效的学习规划。想知道如何点亮孩子的未来吗？快来听我为大家带来的家庭教育指导！

场景1：放大镜呈现家庭教育

以放大镜为切入点，凸显家庭教育的重要性。孩子每时每刻都在学习，但如何合理引导他们学习却是个挑战。我会为大家揭开家庭教育的神秘面纱，帮助大家明晰孩子的成长需求，打造一个积极、温馨的家庭学习氛围。

场景2：学习规划，点燃学习激情

孩子的学习需要有条不紊的规划。我将向大家展示如何制定个性化的学习规划，根据孩子的兴趣、优势和目标，设计出科学的学习路径。通过合理、有趣的学习方式，点燃孩子的学习激情，让他们享受学习的过程，提升学习的效果。

场景3：助力孩子克服学习困难

在孩子的学习过程中，困难是难以避免的。但不要担心，我将指导大家如何帮助孩子克服学习中的困难。我拥有丰富的咨询经验，将与大家共享解决学习难题的有效方法和策略，让孩子在学习中迎难而上，取得更好的成绩。

结尾：孩子是未来的希望，良好的家庭教育是他们成功的关键。如果希望为孩子提供个性化的学习规划，就不要等待，赶紧点击下方链接，一起点亮孩子的未来吧！

在视频文案的最后，配上震撼的音乐和动感的背景，引导观众点击链接，了解更多我们提供的家庭教育咨询产品，让他们有兴趣并愿意尝试我们的专业服务。

如果对上面的文案不满意，那么我们可以继续向 AI 提要求，对表达和文案风格做进一步的明确：

我是一名家庭教育指导师，给孩子提供的是学习规划的培训与咨询，请以这个背景为基础，写一篇符合小红书平台的爆款短视频单人口播文案，文案的最后，要能转化到我提供的咨询产品上。表达要通俗易懂，文案风格要能够唤起用户的危机感。

AI 给的文案如下：

【一分钟沉迷背后隐藏的危机！】

跟我一起想想，你的孩子每天在学习中度过多长时间？是不是沉迷游戏，总是拖拖拉拉的？你知道吗，孩子的学习规划实际上决定了他们的未来。作为家长，你可不能忽视这样一个关键点！

但别担心！我是家庭教育指导师小红，专业提供学习规划的培训与咨询服务！

我会从心理、时间管理、学科规划等维度，为你的孩子量身定制一个完美的学习规划，让他高效学习，取得优异成绩，迈向成功的人生！

秘诀就在于更好地理解孩子的学习方式和兴趣，激发他们的潜能，让每次学习都更加有目标、有成就感！让孩子告别拖拖拉拉，彻底改变学习态度！

点击链接，了解更多 >> [插入咨询产品链接]

家庭教育，即将改变孩子的未来！别让孩子的学习陷入漫无边际的循环，让我们一起发现他们的潜能吧！快来私信我，咨询更多学习规划的细节，让我们共同为孩子的未来努力！

这是一次改变的机会，错过了可就后悔一辈子！记得点一下链接，私信我，我们一起努力吧！ >> [插入咨询产品链接]

AI写作与人工写作在许多方面存在差异，但也能够相互补充，共同提高写作的效果和质量。

快速性。AI写作可以快速生成大量文本，节省了人工撰写大量内容的时间和精力。相比之下，人工写作可能需要更多时间和思考才能完成一篇文稿。因此，AI写作在处理大量文本需求时更加高效。

创造力。尽管AI写作可以生成大量文本，但它缺乏人类的创造力和情感。人工写作更加注重创意和表达，可以通过情感和个人经验来打动读者。因此，在需要表达情感、讲述故事或进行创意性写作时，人工写作更为重要。

知识和洞察力。AI写作可以通过大数据和机器学习获取丰富的知识。它可以搜集、处理和分析大量的信息，为写作提供实时的市场洞察和数据支持。人工写作则更侧重个人的知识、经验和洞察力，能够提供更为深入和独特的观点。

纠错和优化。 AI写作可以帮助纠正语法、拼写错误，并提供文本的修改建议。它可以快速检查和优化文本，提高写作的准确性和质量。人工写作更容易发现内容的深层次问题，如逻辑错误、表达不清等，并通过人工的思考和审查进行修正和提升。

AI写作和人工写作相互补充，各有优势。AI写作可以提高写作的效率并提供数据支持，人工写作则注重创意、情感和个人经验，能够提供更为深入和独特的内容。在实际应用中，结合两者的优势，可以提高写作的效果和质量，为读者带来更好的阅读体验。

》自我练习

　　请根据你的业务情况，写一篇在社交媒体平台上发布的短视频文案脚本。

9.4

经营决策：AI帮助我们进行高效决策

在打造个人IP并向超级个体成长的过程中，我们需要做大量的决策性工作，如如何设计个人IP变现体系、如何推广个人IP、如何吸引粉丝关注、如何转到私域流量、如何完成变现等。高效决策能力会在这些工作中起到关键作用。AI作为先进的技术工具，正以其独特的能力，助力个体实现智能决策，为个体的成功添砖加瓦。

接下来我们来看看如何在AI的帮助下进行决策。

提问举例：

我是一个科技博主，主要向用户推荐最新的科技资讯、新型产品、新颖玩法、产业影响，请根据我的情况和背景，帮助我制定在小红书和抖音短视频平台上的运营策略和流量变现方法。

得到答案：

为科技博主制定的小红书和抖音短视频平台运营策略和流量变现方法：

1. 小红书平台运营策略

内容定位：专注于科技资讯、新型产品、新颖玩法和产业影响等领域。突出我们的专业性和深度分析，为用户提供独特的价值。

创意创作：注重原创和有趣的创意，通过精美的图片、优质的文字和吸引人的标题来吸引用户。同时，可以尝试采用不同的形式，如图文、短视频、直播等，以增加内容的多样性和互动性。

社群互动：积极参与社群互动，包括回复用户的评论、推荐相关的内容，与用户建立良好的互动关系。与其他相关博主进行合作，相互推荐和交流，扩大影响力。

SEO 优化：在发布内容时，注意优化标题、标签和关键词，以提高在搜索引擎中的排名。同时，参与热门话题和关注热门事件，增加内容的曝光度。

2. 抖音短视频平台运营策略

短视频创意：抓住用户的注意力，制作有趣、精彩和有创意的短视频，展示科技资讯、新型产品和新颖玩法。注意视频的剪辑和音效，使其更具吸引力。

利用特色功能：抖音有许多特色功能，如挑战、剧情片段等，可以利用这些功能创作内容，吸引更多的用户关注和参与。同时，可以尝试与其他博主合作，创作有趣的视频。

用户互动：积极回复用户的评论、私信，与用户建立互动关系。根据用户的反馈和需求，调整和改进内容，提升用户体验。

平台推广：利用抖音平台的推广渠道，如抖音号推荐、话题挑战等，提升内容的曝光度。同时，可以将抖音短视频与其他社交媒体平台，如微博、微信公众号等进行整合，增加流量来源。

3.流量变现方法

品牌合作：积累一定的粉丝和影响力后，可以与相关科技品牌合作，进行品牌推广和产品推荐，获取合作费用。

广告代理：成为科技产品和服务的广告代理商，提供广告推广服务，从中获取佣金或提成。

内容付费：提供专栏、会员专属内容等付费服务，为用户提供更加深入、精准的科技资讯和内容。

电商推广：通过推荐科技产品、电商平台的特价商品等进行电商推广，获取销售佣金或推广费用。

以上策略和方法仅为参考，我们可以根据自身的情况和用户反馈进行调整和优化；同时，也要密切关注平台政策和规定，确保运营活动的合规性。

虽然AI在许多方面表现出了强大的能力和潜力，但仍然存在一些限制和挑战，这就解释了为什么我们不能完全依赖它。

数据局限性：AI的决策依赖于输入的数据。如果给AI的数据不够准确、完整，或带有偏见，那么AI给出的决策可能会受到影响。

缺乏人类情感和判断：AI缺乏人类的情感和判断能力，无法全面理解人类复杂的文化、社会和道德因素。在一些需要综合考虑伦理和情感因素的决策中，人类的参与不可或缺。

不可预测性：一些 AI 系统使用深度学习和神经网络等技术，其内部运算过程非常复杂，很难对其决策的准确性进行解释和预测。这种不可预测性使我们难以确定 AI 系统是如何做出决策的，因此我们难以完全依赖它。

技术局限性：虽然 AI 发展迅速，但它目前还存在一些技术局限性。例如，在处理不确定性、理解自然语言和具备常识推理等方面，AI 仍然面临挑战。这些技术局限性限制了 AI 在某些领域中的准确性和可靠性。

责任和道德考虑：对于一些重要的决策，如法律、医疗或安全方面的决策，依赖 AI 可能涉及法律责任和伦理道德。在这些情况下，人类决策者需要对决策结果负责，并且需要解释其决策的过程和依据。

因此，尽管 AI 可以提供辅助决策的支持和洞察力，但我们仍然需要保持一定的警惕性，将其作为决策过程中的参考，而不能完全依赖它。人类的智慧、情感、判断和道德责任在许多情况下是 AI 不可替代的。

» 自我练习

请根据你的业务情况，向 AI 获取经营决策方面的建议。

第十章

变现力：培养完整的
流量变现能力

在这个瞬息万变的时代，每个人都有机会成为拥有影响力的超级个体。然而，成功的关键并不仅仅是拥有独特的才华和创意，更重要的是要掌握将个人品牌价值转化为实际收益的变现力。

首先，让我们来明确什么是变现力。简单来说，它就是将个人的知识和技能、特长和优势，通过各种渠道和方式，转化为具有商业价值的产品和服务，从而获得持续收入的能力。

那么，为什么要培养完整的流量变现能力呢？原因如下。

降低竞争压力：在一个充满竞争的市场中，拥有强大的流量变现能力，可以让你从众多的竞争者中脱颖而出，降低被淘汰的风险。

实现财务自由：完整的流量变现能力可以将你的知识和技能转化为实实在在的收入，帮助你实现更高层次的财务自由。

增加人生可能性：拥有完整的流量变现能力，意味着你可以选择更多的机会和领域，不断挑战自己，拓展人生的边界，增加人生的可能性。

提升生活品质：实现财务自由后，你可以用更多的时间和精力去追求自己热爱的事物，提升生活品质，享受更美好的人生。

　　培养完整的流量变现能力，对于个体来说，不仅是一种能力的提升，更是一种价值的实现。只有掌握了这一能力，我们才能在这个充满机遇和挑战的时代，勇敢地追求自己的梦想，实现自己的人生价值。

　　个体的流量变现方式会有很多，接下来我们将会讲一些主要的流量变现方式。

10.1

书籍课程变现

出版图书和推出课程，不仅可以传递知识和经验，还能够为创作者带来一定的收入。接下来我将分享一些实用建议和技巧，帮助你理解如何通过出版图书和推出课程来变现。

1. 出版图书

确定目标读者群体。 在开始写作之前，要明确你的目标读者是谁。选定了目标读者，根据他们的需求和兴趣来确定你创作和营销的方向。例如，我的第一本书《流量变现：27个高转化的营销经典案例》的目标读者就是企业和想实现流量变现的人，所以我营销推广的目标读者就是小微创业者、寻求独立发展的人。

挖掘独特的创作主题。 选择一个独特的主题或你擅长的领域来创作，这样可以增加图书的吸引力和市场竞争力。目前，我国的灵活就业人数已经超过了2亿，也就是说我新出版的这本书有着非常好的市场前景和用户基础。

优化内容结构。 在写作过程中，将内容分为具有逻辑和连贯性的章节与段落。确保内容条理清晰、易于理解，并采用恰当的案例来加深读者的理解。例如，在这本书中，我就给了大家非常多的案例，既给鸡汤，也给方法，更给勺子。

寻求专业人士指导。我们轻创营社群中的晴山老师就是专业的图书策划人，她帮助很多个体出版了图书，而且无论从选题看还是从市场表现看，效果都非常不错，我的第一本书《流量变现：27个高转化的营销经典案例》就是晴山老师策划的。

开展营销推广活动。在图书上市前，要制定详细的营销推广计划。利用社交媒体、讲座、线下推广等渠道，提高读者的关注度和购买意愿。我在每本书出版上市之前都会做完整的营销推广计划，如果你想获得相关的推广计划表格，可以关注微信公众号"刘芳在想"，回复"个体变现"进一步了解。

2. 推出课程

确定课程核心内容。明确你要传授的核心知识和技能，从而确定课程的主题和方向，确保课程内容有足够的深度和实用性。例如，我打造过一门课程，核心主题就是个体技能变现。

设计课程结构和教学方法。根据课程内容和目标受众，设计合理的课程结构和教学方法。例如，采用理论结合实践，并采用多媒体和互动式教学方式，来提高学习的效果。

制作高质量的教学资料。制作课程所需的教学资料，包括课件、教学视频、案例分析、表格等，向学习者提供便捷、高效的学习体验。

选择合适的教学平台。选择一个适合你的课程的在线教学平台，如知名的在线教育平台或自己的网站，并要确保平台具有稳定的技术支持和良好的用户体验。目前市场上做得比较好的有小鹅通、有赞等。

营销与推广。与图书一样，课程也需要进行推广和营销。我们可以利用社交媒体宣传、电子邮件营销、合作推广等手段，吸引目标用户关注和报名。

如果你有专业特长，并且想将其打磨成课程产品，我们也会提供完整的咨询和配套服务，确保你的一技之长能够被提炼出来，使你获得流量变现的机会。

通过出版图书和推出课程，创作者可以在知识传递和经验分享过程中变现，如果能落实下去，创作者也会获得可观的收益和成就感。

》**自我练习**

请思考一下，你自己能做到图书或课程的变现吗？尝试着制作一个可以变现的课程。

10.2

咨询服务变现

咨询服务是指根据自身专业能力或经验，以咨询的形式向个人、团队或企业提供解决问题、优化流程、提高效率等方面的服务。下面我将详细说明如何通过提供咨询服务来变现，以及与之相关的一些实用建议和技巧。

1. 确定咨询领域和形式

首先，你需要确定自己的咨询领域和形式，例如，管理咨询、营销咨询、职业规划咨询等。在确定咨询领域后，你需要设计好咨询形式，可以是线上咨询、面对面咨询、电话咨询。例如，我们轻创营社群的会员大卫，他的咨询领域就是高考填报志愿业务，他通过线上+线下的方式来提供相关的服务。

2. 建立专业的品牌形象

你需要确立自己的专业能力和品牌形象，完整地诠释自己的专业咨询能力，提升个人品牌的价值和知名度。例如，通过社交媒体来传播自己的专业能力，让更多人知道你、找到你，或者与专业的咨询机构合作，让他们当中间人，连接起你与需求方。

3.寻找用户并建立信任

通过各种社交媒体获得用户流量，针对目标人群开展精准推广，一开始，你甚至可以提供免费或体验型的咨询，让用户了解到你的专业知识和经验，从而与你建立信任，方便后期进行高价值的转化。例如，有一些用户刚接触到我的时候，对我的能力并不是很了解，那么我会推出一些价格更低、时间更短的体验型咨询产品，或者建议用户先购买我的书，对我的能力、专业、理念、实战有了更加全面的了解后，再看我是否能够匹配他的诉求，之后再决定是否与我进行进一步的沟通与咨询。这也是一种对用户负责任的态度，因为只有用户了解了我的能力，他们才会对我更加信任。

4.谈判和签约

因为涉及商业合作，所以你需要具备商业谈判能力，明确咨询内容和合作方式，协商详细的合同条款和咨询费用，这些事看起来很琐碎，但也是最基础的工作。

5.提供结果报告和长期服务

你需要根据用户需求，提供详细的咨询结果报告，在合同有约定的情况下，甚至需要指导用户得到实际结果，或者为用户提供长期解决方案。

提供咨询服务是个体变现的重要方式之一，个体需要根据自身特点和优势，选择适合的咨询领域和形式，并通过有效的营销、信任建立、商业谈判和结果报告来提高自己的专业水平和服务价值。

»自我练习

请尝试梳理自己的咨询体系，并向你的朋友圈用户进行推广。

10.3

社交媒体变现

在这个信息爆炸的时代，社交媒体已经成为我们生活中不可或缺的一部分。那么，如何才能在这片蓝海中脱颖而出，实现自己的价值呢？

首先需要明确的一点是：社交媒体变现的核心是内容创作和粉丝运营。只有拥有了高质量的内容和庞大的粉丝群体，我们才能在社交媒体上获得更多的曝光机会，从而实现变现目标。那么，具体怎么做呢？

1. 找准定位，打造独特的个人品牌

要想在社交媒体上取得成功，首先需要找到自己的定位，明确自己的特色和优势。无论是搞笑幽默、美食分享、时尚美妆，还是旅游攻略，只要能为粉丝带来价值，我们就一定能在社交媒体上找到属于自己的一片天。同时，要注重在社交媒体上塑造独特的个人形象，让粉丝能够一眼认出我们。

2. 持续输出高质量内容，吸引粉丝关注

内容是社交媒体变现的根本。要想吸引粉丝关注，就必须持续输出高质量的内容。内容可以是图文并茂的文章、异彩纷呈的视频、趣味横生的动图等。此外，还要注意内容的时效性和话题性，应紧跟热点，抓住

粉丝的眼球。

3. 与粉丝建立紧密联系，增强粉丝黏性

社交媒体上的粉丝并不是一成不变的。要想让他们一直关注我们，我们就必须时刻与他们保持互动。可以通过回复评论、发起话题讨论、举办线上活动等方式，让粉丝感受到我们对他们的关心和重视。同时，我们还要定期更新社交媒体平台上的信息，让粉丝始终保持对我们的关注。

4. 多元化变现渠道，实现利益最大化

在积累了一定的粉丝基础后，我们就可以开始尝试多元化的变现渠道了。这包括广告植入、品牌合作、线上课程、电商推广等。

社交媒体变现并非遥不可及的梦想，只要我们找准定位，坚持不懈地输出优质内容，与粉丝建立紧密联系，并尝试多元化的变现渠道，我们就一定能在这片广阔的市场中找到属于自己的变现机会。

»自我练习

根据你的内容，判断你的社交媒体可以通过哪些方式进行变现。

10.4

产品销售变现

　　许多做知识产品的人的终局是带货。为什么呢？因为销售知识产品是一个长期的、高解释成本的事情，它是无形的，向用户推荐的难度是很大的。但是带货就不一样了，你手上是有实物的，它能体验，有体感，有及时的功能反馈，所以非常多做知识产品的人，最后走上了带货这条路，也就是我们本节中的产品销售变现。

　　在销售产品时，个体需要充分了解市场需求，以及个人 IP 形象、产品特点和销售渠道等因素。下面我们就来看一下个体如何通过销售产品来变现。

　　找准目标市场和产品卖点。首先要明确自己想把产品卖给谁，了解他们的需求和喜好。然后确定产品的特点和卖点，让产品与目标市场紧密契合，确保有人需要你的产品。例如，我的用户群体是学习者，就很适合带图书之类的产品。

　　引入优质产品。可以选择自己制作或贴牌，也可以选择代理其他的品牌。但是要确保自己产品质量过硬，价格合理公道，要有性价比。同时，在产品的设计和包装上下功夫，使之有吸引力，让用户一看就喜欢。

开拓销售渠道。找到适合自己的销售途径，可以选择建立自己的网店、利用社交媒体在线销售，也可以考虑与店铺、代理商合作。选择合适的销售渠道，能让产品快速找到买家。

大力宣传推广。通过各种方式进行产品宣传，包括在社交媒体上发布广告、利用搜索引擎推广、发放优惠券等。让更多人知道你的产品，引起他们的兴趣，激起他们的购买欲望。

提供贴心的售后服务。与用户建立良好的关系，及时回答用户的疑问，提供周到的售后服务，增加用户的满意度和忠诚度，提高复购率和口碑传播率。

寻找合作伙伴。与相关行业的合作伙伴合作，共同推广产品。可以找有一定影响力的人合作，让他们为你的产品背书，通过他们的渠道来推销。

确保货源的稳定。与供应商建立稳定的合作关系，确保产品的及时交付和质量稳定。

要持续关注市场的动态和用户反馈，根据情况调整产品和销售策略，不断提升销售能力，满足用户的需求。通过以上简单实用的步骤，你就可以通过产品销售赚钱，拓展收入来源。

》自我练习

思考一下，你现在的业务情况适合进行产品销售变现吗？为什么？

10.5

品牌合作变现

品牌合作是一种非常有效的变现方式，尤其是对于专家来说，现在也有越来越多的品牌乐于寻找专家代言、合作、站台等，如沃尔沃请罗翔代言。专家与品牌合作也有助于增强其个人IP的知名度，加深其与新用户的联系，也为自己增加了一个长期的收入来源。

品牌寻找各个领域的专家合作，往往会有以下几个好处。

建立信任和认可。专家作为某个领域的权威人物，其声誉和专业知识可以帮助品牌获得用户的信任和认可，品牌可以向用户传递其产品的可靠性和优势，增强用户的购买意愿。

获取目标用户。专家通常有一定的影响力和粉丝基础。通过与专家合作，品牌可以获得专家的忠实粉丝，实现品牌与目标用户的精准对接，提升市场份额。

借助专家的专业能力和知识。专家不仅可以展示产品的优势，还可以向用户传达关于产品更深层次的信息。

品牌选择专家进行合作时，通常会考虑以下几个方面的条件。

行业知识和专业能力。专家应该在某个领域具备丰富的知识和专业能力，能够提供有深度的见解，他们的专业知识可以增加品牌的可信度和专业性。

影响力和知名度。专家应具备一定的影响力和知名度，拥有一定的粉丝。他们的声誉和影响力可以帮助品牌扩大曝光度，吸引更多的目标用户。

良好的形象和价值观。专家的形象和价值观要与品牌相契合，言行举止要符合社会伦理和道德，能够代表品牌的核心价值和品牌形象，避免给品牌带来负面影响。

可靠性和信任度。专家应具备一定的可靠性和可信度，在专业领域内拥有广泛的认可和信赖，这样他们的推荐和代言才会被用户认同，也才会最终促成销售。

合作态度和商业价值。专家应具备积极的合作态度，能够与品牌进行良好的合作。同时，专家还需要具备一定的商业价值，能够为品牌带来商业利益和回报。

2023年，我以商业畅销书作家的身份，获得了广州金融中心IFC、越秀商管的线下读书活动邀请分享，该活动邀请了各行各业的文化与专家代表，为"文化+商业+公益"来发声，这也是一种典型的超级个体通过品牌合作实现变现的方式。

需要注意的是，不同品牌对专家的要求和选择标准可能会有所差异。有些品牌可能更注重专家在社交媒体上的粉丝数量和活跃度，而有些品牌可能更看重专家在特定领域的专业知识和经验。因此，想要获得与品牌合作的机会，个体就需要在自己的领域中保持专业化，努力提升知名度和影响力，并与品牌保持良好的合作关系。

»自我练习

考虑一下自己现在的品牌影响力，看看能不能和品牌进行合作

以实现变现。

说点感性的。

这本书的创作源于自己追求成为一个超级个体的探索。在探索的过程中，我躬身入局，经历了挑战，忍受了孤独，但也拿到了结果，这本书当中的每一个点，都是我自己及辅导过的咨询者经历过的，是有实战基础的，并非空穴来风。

想写这本书，是因为我看到太多来找我的朋友满心满眼的困惑、迷茫，我想帮助更多陷于发展困顿中的朋友，让他们可以在竞争激烈的市场中脱颖而出，建立个人IP，成为各领域中的超级个体，实现个体的成功。通过出书让更多人看到我的方法，是最高效的方式。

个体想要打破发展瓶颈获得成功，不仅需要拥有超强的专业能力，还需要多项能力的综合。在本书中我为大家提炼了十大高维能力，如果你具备了这些能力，你就能够更好地厘清自己的发展方向、获得更强的竞争优势。

但是，是不是每个人都能成为超级个体呢？答案当然是：不一定。

可为什么这本书仍然非常值得推荐给所有的朋友学习呢？这跟我们在读书的时候要学数学，工作的时候不一定会用到数学是一样的道理，可就算工作中用不到，难道我们就可以说数学毫无作用吗？至少我们还得用到最基本的加减乘除。

学习就是这样，不是线性的，而是网状的。你今天所学的所有东西，都会在未来某一天突然打通自己一直困惑的点，让你的整个思考系统畅通起来。

是的，我们并不一定都要成为超级个体，但我们可以吸收这本书当中十大高维能力的思维和做法，如果你能够把它们应用好，相信你会在自己的领域中成为一个非常优秀且充满竞争优势的人，至少，你一定会比很多人看得更远、走得更快、行得更稳。

成功不是一蹴而就的。在追求个人发展的道路上，我们一定会遇到挫折、困难和失败。只有不断学习、不断反思、不断迭代、不断升级自己思考与行动系统的人，才能在逆境中崛起并取得突破。

那这本书是否也适合 B 端的朋友们？当然。因为这本书的底层逻辑，就是商业的逻辑：定位、品牌、营销、传播、管理、销售等，在这本书中都能找到它们的影子，只不过对它们的表达更加个体化，以便让普通人读得懂。例如，如何买菜更省钱？如何干家务更省力？如何让孩子学习更高效……我们生活的世界，处处有商业的缩影。

而且这本书不是空中的亭台楼阁，不是只能看不能摸的，书中不但给了大家鸡汤，也给了方法，更给了勺子，让大家喝得到、有营养。

我要感谢所有在这本书背后默默付出的人，包括我的家人、编辑、朋友和支持者。没有大家的帮助和支持，这本书也无法完成。

感谢我最爱的家人，因为有了你们的支持，我才能在没有任何后顾之忧的情况下专注创作。

感谢电子工业出版社的雅琳老师，以及图书策划人，也是本书的引荐人晴山老师。和两位老师合作的过程当中，我认识到了什么是专业的出版人。

感谢秋叶大叔和李海峰老师，两位老师也是我成长路上重要的引路人。在每个人生阶段遇到一个重要的领路人真的非常重要，可以让我们少撞南墙。

感谢我的好朋友苏禾，本来这本书我们要合著，但出于多种原因未能实现。但是，她仍然在本书的选题和目录部分给了许多重要的建议，对此我十分感谢。

感谢我的几位好朋友，张小桃、连芳菲、赛美、于木鱼，对于你们给我的支持，我心中满满都是感激。

感谢我的好朋友艾志华、吴铭斌、吴波、陈文欢、李纲领、郭亮、黎嘉怡、郭瑜华、刘峰、马莎、王联金、涂新山、陈海宾、曹光银。从第一本书到第二本书，大家见证了我的成长，也给予了我无数的帮助。

感谢我的老领导和老同事冯盘江、刘云、胡秋育、张茂盛、李锋德、韦慧勇、冯伟伦、黄秀芬、祁铱雯、邱秀玲、袁柱森、门书光、马玉、陆莹莹，你们见证了我的一路成长。

感谢《新经销》的赵波总编、《零售圈》的宋九亮总编、《联商网》的周勇老师、中国连锁经营协会王洪涛秘书长、中国连锁经营协会凌力老师、广东省连锁经营协会樊飞飞秘书长。

感谢所有为图书提供案例的好朋友们（书中有提名，此处不再赘述），你们对我的帮助和支持，我都一一记得。

感谢我们轻创营社群的朋友们，征得大家同意，有些朋友愿意在这本书当中展示自己的名字，分别有：坤坤、小蒙、琴小兽、刘十二、七青、字美美、陆颖、米瞬、红老师、李耀、晋晋、红玉、容容、李先玉、于萧寒、懿心一意、朵拉、木目心、李向阳、华丽得冒险、龙泓君、古玥、静嘉、石丽红、王凤梅、墨梅、曹海琴、KK、张缘起、王若冰、晶晶、凌风、张茜、田晶、香佩、远九、焦法德、陈倩、云梦、吕江、黎文娟、琳琳、董伯懿、laoyouji、海涵、自由的海星、高炎炎（霖轩）、辰妈、陈岩、晓朋、晞晞、何味珊、春天、Nina、汤月月、杨少辉、小黎、莉莉、蜗牛哥、龙梓煊、闻闻。

还有许多我们轻创营社群的朋友，因为工作和一些特殊的原因不便写上名字，但仍然送来了许多的祝福，感谢大家。

这本书的内容仍然有完善的空间，虽内心仍有遗憾，但期待以后能够通过修订或持续出版新书来补充修正本书的纰漏之处，欢迎读者朋友们添加我的个人微信（fairy158158或lfjxls158），亦可关注我的微信公众号"刘芳在想"（xlslf158）或同名微信视频号。本书若有未尽之处，可联系沟通相关事宜。

谢谢您的支持，祝开卷有益。